6e

11-12 ANS

Français

Thierry Marquetty

© Hatier, Paris, 2019 – ISBN : 978-2-401-05129-4

Ton parcours de révision

Commence par faire le test pour te situer. Coche la case ☐ quand tu as révisé un chapitre.

VOCABULAIRE

LECTURE ET EXPRESSION ÉCRITE

Des outils complémentaires

Les corrigés .... *au centre du cahier*

Complète ton entraînement sur le site
hatier-entrainement.com

Maquette : Frédéric Jély, Primo & Primo
Illustrations : Adrien Siroy, Juliette Baily, Martin Maniez, Mathieu de Muizon   **Mise en pages :** Compo Méca, Grafatom

TEST

1. *Réponds aux questions du test.*
2. *Vérifie chaque réponse à l'aide du corrigé page 2 du livret détachable.*
3. *Si ta réponse n'est pas juste, entoure le n° du chapitre : il est à réviser en priorité.*

GRAMMAIRE

CHAPITRE

1. Dans la phrase ci-dessous, combien y a-t-il de noms ?
Au centre de la place de la Concorde, à Paris, se dresse un obélisque. ☐ trois ☐ quatre ☐ cinq
1 p. 6

2. Coche les mots qui sont des pronoms personnels. ☐ je ☐ il ☐ celui ☐ me ☐ lui
3 p. 8

3. Dans la phrase ci-dessous, souligne les adjectifs et indique leur fonction.
Jeanne porte un pantalon étroit de couleur vive. Fonction : ☐ épithète ☐ attribut
5 p. 10

4. Dans la phrase ci-dessous, encadre le sujet et souligne l'attribut du sujet.
La chenille est devenue un papillon.
8 p. 13

5. Indique la fonction du mot souligné dans la phrase ci-dessous.
Je <u>vous</u> ai préparé une surprise. ☐ COD ☐ COI ☐ COS
9 p. 14

6. Indique la fonction du groupe souligné dans la phrase ci-dessous.
Je suis entré dans la chambre <u>sans faire de bruit</u>. ☐ CC de lieu ☐ CC de temps ☐ CC de manière
11 p. 16

7. Indique le type de la phrase ci-dessous.
Demande à tes parents si tu peux m'accompagner. ☐ déclaratif ☐ interrogatif ☐ impératif
13 p. 18

8. Combien de propositions la phrase ci-dessous comprend-elle ?
Nous n'avons pas reçu la réponse que nous attendions. ☐ une ☐ deux ☐ trois
16 p. 21

CONJUGAISON

CHAPITRE

9. Coche les formes du verbe *être*. ☐ ai ☐ est ☐ seront ☐ a été
18 p. 23

10. Parmi ces verbes du 3ᵉ groupe, lesquels ne prennent pas les terminaisons *-s, -s, -t* au présent, aux trois personnes du singulier ?
☐ partir ☐ prendre ☐ vouloir ☐ aller
20 p. 25

11. Dans cette série de verbes, quel est l'intrus ?
☐ je pensai ☐ j'aperçus ☐ je croyais ☐ je vis
• À quel temps ce verbe est-il conjugué ? ....
23 p. 28

12. Donne la 3ᵉ personne du pluriel du verbe *réussir* au passé composé et au plus-que-parfait.
• Passé composé : .... • Plus-que-parfait : ....
24 p. 29

13. Avec quelle forme faut-il compléter la phrase ci-dessous ?
Ne .... jamais tes coordonnées à un inconnu.
☐ donne ☐ donnes ☐ donnent • À quel mode ce verbe est-il conjugué ? ....
25 p. 30

14. Avec quelle forme faut-il compléter la phrase ci-dessous ?
Je .... que nous nous retrouvions directement au cinéma.
☐ préférerai ☐ préférerais ☐ préférerait • À quel mode ce verbe est-il conjugué ? ....
26 p. 31

ORTHOGRAPHE

CHAPITRE

15. Mets au pluriel les GN suivants : une voix perçante ....
un feu destructeur .... un beau dimanche ....

27 p. 32

16. Mets au féminin les GN suivants : un acteur célèbre ....
un héros courageux .... un roi égyptien

29 p. 34

17. Complète la règle.

L'adjectif s'accorde en .... et en .... avec le ....

(ou le pronom) auquel il se rapporte, quelle que soit sa fonction dans la phrase.

31 p. 36

18. Complète la règle.

Le verbe s'accorde en .... et en .... avec son ....

32 p. 37

19. Avec quelle forme faut-il compléter la phrase ci-dessous ?

J'ai lu tous les livres que tu m'as .... ☐ conseiller ☐ conseillé ☐ conseillés

34 p. 39

20. Complète les phrases suivantes.

a. .... irons-nous cet été ? Au bord de la mer .... la montagne ?

b. .... toujours besoin d'un plus petit que soi.

35 p. 40

21. Complète les phrases suivantes avec *ce*, *se*, *ces* ou *ses*.

a. .... soir, nous mangeons .... qui vous fait plaisir.

b. Il .... souvient de .... vacances au Maroc.

37 p. 42

22. Dans quels mots manque-t-il un accent circonflexe ? ☐ hotel ☐ theatre ☐ gateau ☐ aout

39 p. 44

VOCABULAIRE

CHAPITRE

23. Quel mot n'a pas le même sens que les autres ?

☐ ravissant ☐ beau ☐ affreux ☐ joli ☐ splendide

44 p. 49

24. Complète les définitions.

a. On appelle .... des mots qui ont le même sens (ou un sens très voisin).

b. On appelle .... des mots de sens contraire.

45 p. 50

25. Coche les adjectifs dans lesquels le préfixe *in-* a un sens négatif.

☐ interne ☐ incroyable ☐ influent ☐ inadapté ☐ insoluble

47 p. 52

LECTURE ET EXPRESSION ÉCRITE

CHAPITRE

26. Indique à quel registre de langue appartient chaque mot.

a. **individu** ☐ soutenu ☐ familier ☐ courant
b. **homme** ☐ soutenu ☐ familier ☐ courant
c. **mec** ☐ soutenu ☐ familier ☐ courant

49 p. 54

27. Quels temps utilise-t-on dans un récit au passé ? Complète.

Dans un récit au passé, le .... est utilisé pour rapporter les actions qui font progresser l'histoire. L'....................., lui, sert à .... ou à expliquer.

50 p. 56

28. Numérote les étapes d'un récit dans l'ordre qui convient.

..... situation finale ..... situation initiale ..... péripéties ..... élément perturbateur ..... dénouement

51 p. 58

1 Reconnaître un nom

Qu'est-ce qu'un nom ?

▶ Un nom est un mot qui sert à **désigner** une personne (*un piéton, Brigitte*),
un animal (*une poule*), une chose (*un ordinateur, la Seine*) ou une idée (*l'amitié*).
Un nom a un **genre** (masculin ou féminin), indiqué dans le dictionnaire.
Le plus souvent, il est précédé d'un **déterminant** (*un, une, le, la*, etc.).

★ **1** Indique, à l'aide d'une initiale, le genre, masculin (M) ou féminin (F), puis le nombre, singulier (S) ou pluriel (P), des noms en couleur. Tu peux t'aider du dictionnaire.

1. L'équateur (..., ...) partage la Terre en deux parties égales : les hémisphères (..., ...).

• **2.** Dans le Sahara, des oasis (..., ...) se forment là où remontent les rivières souterraines

provenant du massif (..., ...) de l'Atlas. • **3.** Au centre de la place (..., ...) de la Concorde

se trouve l'obélisque (..., ...) qui a été donné par l'Égypte à la France en 1836.

• **4.** Cette association œuvre pour la protection des espèces (..., ...) en voie de disparition.

SCORE . . . . / 7

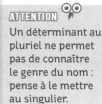

ATTENTION 👀
Un déterminant au pluriel ne permet pas de connaître le genre du nom : pense à le mettre au singulier.

Comment classer les noms ?

▶ On distingue :
– les noms **communs**, qui désignent une catégorie d'êtres ou de choses
(*un piéton, un ordinateur*) ;
– les noms **propres**, qui désignent un être ou une chose unique (*Brigitte, la Seine*).
Les noms communs varient en **nombre** (singulier ou pluriel).

▶ On distingue par ailleurs :
– les noms **animés** (*un piéton, Brigitte*) des noms **inanimés** (*un ordinateur, l'amitié*) ;
– les noms **concrets** (*un piéton, une poule, un ordinateur*) des noms **abstraits** (*l'amitié*).

★ **2** Dans la phrase suivante, souligne les noms communs et encadre les noms propres.

Denise était venue à pied de la gare Saint-Lazare, où un train de Cherbourg l'avait
débarquée avec ses deux frères, après une nuit passée sur la dure banquette d'un wagon
de troisième classe.

Émile Zola, *Au Bonheur des Dames*, 1883.

SCORE . . . . / 11

🖐 COUP DE POUCE
La phrase contient onze noms, dont trois noms propres.

★★ **3** Complète le tableau suivant en cochant les cases qui conviennent.

	Noms animés	Noms inanimés	Noms concrets	Noms abstraits
humour				
Tintin				
album				
Tibet				
chien				

Corrigés p. 2

SCORE . . . . / 10   TOTAL . . . . / 28

GRAMMAIRE

2 Utiliser des déterminants

J'AI DÛ METTRE UN S LORS DE LA COMMANDE.

Qu'est-ce qu'un déterminant ?

▸ Un déterminant est un **élément du groupe nominal**. Il se place devant le nom (ou devant l'adjectif qui caractérise le nom). Accordé avec ce nom, il permet le plus souvent d'en connaître le genre et le nombre : *un* chien (masc., sing.), *les* chiens (masc.,pl.).

▸ Parmi les déterminants, on distingue les catégories suivantes.

Article défini	Il introduit le nom d'une chose ou d'un être précis, dont on a déjà parlé.	le, la, les, l'
Article indéfini	Il introduit le nom d'une chose ou d'un être indéterminé, dont on n'a pas encore parlé.	un, une, des, de
Déterminant possessif	Il exprime une idée d'appartenance.	mon, ma, mes, ton, ta, tes, son, sa, ses, notre, nos, votre, vos, leur, leurs
Déterminant démonstratif	Il montre la chose ou l'être désigné par le nom, ou renvoie à un nom dont on vient de parler.	ce, cet, cette, ces

▸ On appelle **article défini contracté** la combinaison d'un article défini et d'une préposition : *au* (= à + le), *aux* (= à + les), *du* (= de + le), *des* (= de + les).
*Ce soir, nous allons **au** cinéma.*

 1 **Réécris chaque phrase en remplaçant le nom en couleur par un nom de la liste :**
cartes – gâteaux – argent.

1. Ils adorent manger de la glace. → ....

2. As-tu reçu des cadeaux pour ton anniversaire ? → ....

3. Elle joue au football. → ....

SCORE .... / 3

 2 **Souligne les déterminants.**

Pendant que la voiture ronflait, Adèle cherchait sur son GPS un itinéraire pour le voyage qu'elle avait en tête. Mais où se trouvait cette ville ? Avant ou après la traversée de la Loire ?

SCORE .... / 7

3 **Complète ce passage du *Chat botté* à l'aide des déterminants de la liste :**
sa – le – leur – un – la – mon – du.

Le Chat botté aide son maître, le fils du meunier, à faire fortune.

.... jour, apercevant .... roi et .... fille dans .... carrosse, ... chat

se précipite vers .... fils .... meunier.

— Déshabillez-vous, ... maître ! Plongez dans .... rivière qui longe .... route,

et laissez-moi faire !

SCORE .... / 10

ATTENTION
En changeant le nom, tu dois modifier le déterminant.

COUP DE POUCE
Certains déterminants doivent être utilisés plusieurs fois.

Corrigés p. 2

TOTAL .... / 20

③ Employer des pronoms personnels

Qu'est-ce qu'un pronom personnel ?

▶ Les pronoms personnels **varient en nombre et en personne**.

	Singulier	Pluriel
1re personne	*je, me, moi*	*nous*
2e personne	*tu, te, toi*	*vous*
3e personne	*il, elle, le, la, lui, soi, se, en, y*	*ils, elles, les, leur, eux, se, en, y*

▶ Les pronoms de la **3e personne** représentent un nom (ou un groupe nominal) qu'ils remplacent pour éviter une répétition.

> *Claire a un frère,* **il** *est plus jeune qu'***elle***.*

Les pronoms des **1re et 2e personnes** désignent des personnes communiquant entre elles.

> **Je t'***invite à mon anniversaire.*

★ **1** a. **Souligne les pronoms personnels dans le texte suivant.**

« S'il tombait une vieille étoile au fond du jardin, me dit Patachou, elle serait à moi.

— Tu me la donnerais ?

— Volontiers, mais qu'en ferais-tu ?

— Je la ramasserais.

— Tu te brûlerais. »

Tristan Derème, Patachou petit garçon, © J. & D., 1929.

b. **Relève ceux qui reprennent un élément déjà évoqué.** → ....

c. **Relève ceux qui désignent les personnes qui communiquent entre elles.**

→ ....

SCORE .... / 21

ATTENTION 👀
Le premier pronom fait partie d'une tournure impersonnelle. Laisse-le de côté dans les questions b. et c.

Un pronom personnel peut-il changer selon sa fonction dans la phrase ?

▶ Oui, les pronoms personnels **varient selon la fonction** qu'ils occupent dans la phrase, sauf *nous*, *vous*, *en* et *y*.

> *Je joue.* → 1re pers. du sing. ; fonction : sujet de *joue*.
> *Pierre **me** parle.* → 1re pers. du sing. ; fonction : COI de *parle*.

★★ **2** **Remplace les mots en couleur par le pronom personnel qui convient, puis indique la fonction de ce pronom dans les parenthèses.**

1. Mon ami et moi sommes allés au cinéma. → ....(...................)

2. Ils ont fait la publicité de ce nouveau produit. → ....(...................)

3. Quand pensez-vous revoir cet ami ? → ....(...................)

4. Le Louvre propose un tarif réduit à ses adhérents.→ ....(...................)

SCORE .... / 8

💪 **COUP DE POUCE**
Selon les cas, le pronom est sujet, COD, COI ou COS.

Corrigés p. 3

TOTAL .... / 29

4 Employer d'autres pronoms

Mais c'est ma soupe et non la tienne !

 Qu'est-ce qu'un pronom possessif ?

▶ Le pronom possessif est de la forme :
le mien, le tien, le sien, le nôtre, le vôtre, le leur.
Il remplace un **nom précédé d'un déterminant possessif.**

*Tu as tes affaires, j'ai **les miennes**, ils ont **les leurs.***

> **COUP DE POUCE**
> Le choix du pronom dépend de l'objet possédé et du possesseur.

★ 1 **Complète avec le pronom possessif qui convient :**
le leur – les siennes – la mienne – le tien – la vôtre.

1. Tu as tes idées, il a .... , inutile de vous disputer. • **2.** J'ai pris mon

parapluie, j'espère qu'ils auront pris .... • **3.** J'ai cassé la mine de mon

crayon, puis-je t'emprunter .... ? • **4.** Je vous accompagne chez votre ami,

quelle voiture prenons-nous ? .... ou .... ?

SCORE .... / 5

 Qu'est-ce qu'un pronom démonstratif ?

▶ Le pronom démonstratif a des **formes simples** et des **formes renforcées** avec *-ci* ou *-là*.

	Neutre	Masc. sing.	Fém. sing.	Masc. plur.	Fém. plur.
Formes simples	ce, c'	celui	celle	ceux	celles
Formes renforcées	cela, ceci, ça	celui-ci, celui-là	celle-ci, celle-là	ceux-ci, ceux-là	celles-ci, celles-là

▶ Il remplace, en général, un **groupe nominal déjà cité.**

*J'ai rencontré un de tes amis. **Celui-ci** ne m'a pas reconnu.*

★★ 2 **Réécris les phrases en remplaçant les mots en couleur par les mots entre parenthèses.**

1. On m'a donné ce livre (cette revue), ce n'est pas celui que j'aurais choisi.

→ ....

2. Si vous voulez un melon (des pastèques) bien mûr, prenez celui-ci.

→ ....

3. Les bonbons (les sucettes), les enfants adorent ça !

→ ....

SCORE .... / 3

> **ATTENTION**
> N'oublie pas de faire tous les accords nécessaires.

★★ 3 **Souligne les mots que remplace le pronom démonstratif en couleur.**

1. Rire, ça fait du bien au moral. • **2.** C'est heureux qu'il ait réussi à prendre son train à temps. • **3.** Jouer aux cartes avec des tricheurs, je n'aime pas cela du tout. • **4.** Le lys, c'est le symbole de la royauté. • **5.** Cette maison est humide, ce qui la rend insalubre.

SCORE .... / 5

> **ATTENTION**
> Le pronom peut être placé devant ou derrière les mots qu'il représente.

Corrigés p. 3

TOTAL .... / 13

GRAMMAIRE

5 Reconnaître un adjectif qualificatif

Qu'est-ce qu'un adjectif qualificatif ?

▶ L'adjectif qualificatif est un mot qui est **employé avec un nom** et qui sert à donner des précisions sur la chose ou l'être désigné par le nom.

> *Un vent **chaud** balaie la ville **silencieuse**.*
> Ici, l'adjectif *chaud* qualifie le nom *vent* ; l'adjectif *silencieuse* qualifie le nom *ville*.

▶ L'adjectif qualificatif placé à côté du nom est **épithète**. Il fait alors partie du groupe nominal. *C'était une bête **superbe** évoluant avec une grâce **légère**.*

▶ L'adjectif qualificatif séparé du nom par un verbe d'état (*être, devenir, rester...*) est **attribut** du sujet. Il fait alors partie du groupe verbal. *Ce travail devient **pénible**.*

 1 **Relève les adjectifs de ce texte, puis indique pour chacun le nom auquel il se rapporte.**

> Un jour vers midi du côté du parc Monceau, sur la plate-forme arrière d'un autobus à peu près complet de la ligne S (aujourd'hui 84), j'aperçus un personnage au cou fort long qui portait un feutre mou entouré d'un galon tressé au lieu de ruban.

Raymond Queneau, Exercices de style © Gallimard, 1947.

arrière → .... → ....

complet → .... → ....

.... → .... → ....

SCORE .... / 6

 2 **Remplace chaque groupe de mots en couleur par un adjectif de même sens.**

1. un plat qui met en appétit → ....

2. une revue qui paraît toutes les semaines → ....

3. une silhouette de femme → ....

4. un enfant qui n'a pas de parents → ....

SCORE .... / 4

★★ **3** **Donne la fonction (épithète ou attribut) de chaque adjectif en couleur, puis souligne le nom qu'il caractérise.**

> Derrière nous, une forme humaine (...............) était allongée (...............), drapée (...............) dans une longue (...............) robe blanchie (...............) par la poussière. [...] Le long des murs, une rangée de statues qui semblaient dormir, couchées (...............) sur de lourds (...............) cercueils de pierre.

Jean-Pascal Arrou-Vignod, Enquête au collège © Gallimard, coll. « Folio junior », 1991.

SCORE .... / 7

★★ **4** **Relève, dans le texte de l'exercice 3, les participes passés employés comme adjectifs.**

....

SCORE .... / 4

ATTENTION 👀
Le nom *feutre* est caractérisé par un adjectif et un participe passé employé comme adjectif.

INFO
Contrairement à l'adjectif attribut, l'adjectif épithète peut être placé avant le nom.

Corrigés p. 4

TOTAL .... / 21

10

GRAMMAIRE

6 Reconnaître un verbe

Qu'est-ce qu'un verbe ?

▶ Le verbe est le seul mot qui **se conjugue**, c'est-à-dire qu'il varie selon la personne du sujet, le temps et le mode. *Les chats **guettaient*** (infinitif : *guetter*) *les moineaux.*

1 Souligne dans ce poème les verbes conjugués et encadre les verbes à l'infinitif.

COUP DE POUCE

Il y a quinze verbes conjugués et quatre verbes à l'infinitif.

Ce que veulent dire les mots
On ne le sait pas quand ils viennent ;
Il faut qu'ils se parlent, se trouvent,
Qu'ils se découvrent, qu'ils s'apprennent.
Ce que veulent dire les mots

Ils ne le savent pas eux-mêmes,
Mais les voilà qui se regroupent,
Qui s'interpellent, se répondent,
Et si l'on sait tendre l'oreille,
On entend parler le poème.

Jacques Charpentreau, *Ce que les mots veulent dire*, Vie ouvrière « Pour le plaisir », Bruxelles, 1986.

SCORE . . . . / 19

Comment classe-t-on les verbes ?

▶ On distingue les **verbes d'action** (les plus nombreux) des **verbes d'état** ou attributifs (*être, sembler, paraître, devenir, rester, demeurer...*) qui expriment un état ou un devenir.

   *Il **s'entraîne*** (action) *et **paraît*** (état) *confiant.*

▶ Parmi les verbes d'action, on distingue les **verbes transitifs** des **verbes intransitifs**.
   • Les verbes **transitifs directs** admettent un COD.

   *Il **écoute** <u>la radio</u>.*
            COD

   • Les verbes **transitifs indirects** admettent un COI.

   *Il **obéit** <u>à sa sœur</u>.*
          COI

   • Les **verbes intransitifs** n'admettent pas de complément d'objet.

   *L'avion **atterrit**.*

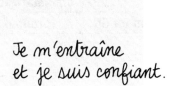

Je m'entraîne et je suis confiant.

2 Verbe d'action ou verbe d'état ? Coche la bonne réponse.

1. La chambre est ❑ état ❑ action très sombre.
2. Une lueur apparaît ❑ état ❑ action au fond du couloir.
3. Cette lueur paraît ❑ état ❑ action faible.
4. Dans cette pénombre, il a peur et reste ❑ état ❑ action prostré.
5. Il demeure ❑ état ❑ action assis,
en attendant que quelqu'un vienne ❑ état ❑ action.

SCORE . . . . / 6

3 Transitif ou intransitif ? Dans chaque liste, barre l'intrus.

1. laver – manger – saler – baver – couper
2. ouvrir – accourir – cueillir – bâtir – servir
3. séduire – produire – cuire – détruire – luire

SCORE . . . . / 3

Corrigés p. 4

TOTAL . . . . / 28

7 Identifier la fonction sujet

 Qu'est-ce qu'un sujet ? À quoi sert-il ?

▶ Le sujet des verbes d'action indique qui (ou ce qui) **fait l'action** exprimée par le verbe. Pour le trouver, pose la question *qui est-ce qui... ?* ou *qu'est-ce qui... ?* suivie du verbe.

> *Mon frère <u>est parti</u> en voyage.* → Qui est-ce qui est parti ? Mon frère. (= sujet)

▶ Le sujet **ne peut pas être supprimé**, sauf quand le verbe est à l'impératif. *Écoute !*

▶ Le sujet est le plus souvent un **nom**, un **GN** ou un **pronom** ; il peut être aussi un infinitif ou une proposition subordonnée. ***Conduire*** (infinitif) <u>*est fatigant*</u>.

⭐ **1** **Remplace chaque mot ou groupe de mots en couleur par un pronom personnel sujet.**

1. Mes amis et moi (.........) avons décidé de partir en camping. • **2.** Paul et sa sœur

(.........) apporteront une tente, Jeanne et toi (.........) achèterez des provisions. • **3.** Adèle

et Louise (.............) prépareront l'itinéraire et Adrien (.........) louera une voiture.

SCORE .... / 5

⭐⭐ **2** **Souligne le sujet des verbes en couleur, puis complète le tableau avec des croix.**

1. Nous avons vu ce film en avant-première. • **2.** Peux-tu me prêter ton stylo ?

• **3.** Lucie ouvrit la boîte aux lettres, prit la lettre et la décacheta. • **4.** Souffler n'est pas

jouer. • **5.** Quand se présente un client, soyez aimable, je vous prie.

	Classe grammaticale du sujet			Place du sujet	
	nom ou GN	pronom	infinitif	avant le verbe	après le verbe
1					
2					
3					
4					
5					

SCORE .... / 10

 Quel lien existe-t-il entre le verbe et son sujet ?

▶ Le sujet **commande l'accord du verbe**. Il précède le plus souvent le verbe mais peut également être inversé.

> *Dans le jardin <u>poussent</u> **des radis et des salades**.*

▶ **Attention !** Un verbe qui a plusieurs sujets se met au pluriel.

> ***Brigitte et Adèle*** <u>*s'observaient*</u> *en silence.*

⭐ **3** **Coche la forme verbale qui convient.**

1. À côté de nous ❑ flambaient ❑ flambait l'énorme cheminée où, par grand froid,
❑ se consumaient ❑ se consumait des troncs d'arbres entiers. • **2.** L'herbe sombre et
une double ligne d'arbres ❑ délimite ❑ délimitent le bord de la rivière.

SCORE .... / 3

INFO
Le masculin l'emporte lorsque le pronom remplace plusieurs noms de genres différents.

COUP DE POUCE
Dans la phrase 3, les trois verbes ont un sujet commun.

Corrigés p. 4

TOTAL .... / 18

GRAMMAIRE

8 Identifier la fonction attribut du sujet

OR! Comme tu es grand!

 Qu'est-ce qu'un attribut du sujet ?

▶ L'attribut du sujet est un mot ou un groupe de mots **relié au sujet par l'intermédiaire du verbe** *être* **ou d'un verbe équivalent** (*paraître, sembler, devenir, se trouver, etc.*).

> *Petit poisson* deviendra **grand**.
> sujet   attribut du sujet

▶ L'attribut fait apparaître une **qualité** (physique, morale) du sujet. Dans la phrase, on ne peut pas le supprimer.

 INFO

Un même sujet peut avoir plusieurs qualités, donc plusieurs attributs du sujet.

 1 **Dans ces phrases, souligne les attributs du sujet.**

1. Si l'habit de Sérafina était fané, sa figure était fraîche, et, d'ailleurs, cette mise paraissait la plus éblouissante du monde au jeune baron de Sigognac. • **2.** Le Tranche-montagne, lui, était maigre, hâve, noir et sec comme un pendu d'été. Sa peau semblait un parchemin collé sur des os.

D'après Théophile Gautier, *Le Capitaine Fracasse*, 1863.

SCORE . . . . / 8

 À quelles classes grammaticales un attribut du sujet peut-il appartenir ?

▶ Un attribut du sujet peut être :
– un **adjectif** qualificatif ; *Jean est* **sympathique**.
– un **nom** ou un groupe nominal ; *Mon père est* **un grand sportif**.
– un **pronom**. *Gentille, elle l'est.*

▶ **Attention !** Il ne faut pas confondre l'attribut de sujet et le COD.

> *Jeanne est devenue* **médecin**. (*médecin* est un attribut du sujet ; *Jeanne* et *médecin* désignent la même personne.)
> *Jeanne a vu* **un médecin**. (*un médecin* est un COD. *Jeanne* et *un médecin* sont deux personnes différentes.)

 2 **Dans chaque phrase, souligne l'attribut du sujet, puis relie-le à sa classe grammaticale.**

Mon objectif est de gagner. •

Le judo et la lutte sont des sports de combat. •

Ce chien devient de plus en plus agressif. •

L'escargot est hermaphrodite. •

La chenille est devenue un papillon. •

• adjectif

• nom ou GN

• infinitif

SCORE . . . . / 5

 3 **Entoure la fonction des mots en couleur : attribut du sujet (Att.) ou COD.**

1. Avec cette nouvelle coiffure, elle se trouve plus séduisante. (Att. – COD) • **2.** Le résultat de cette opération semble faux. (Att. – COD) • **3.** Chaque automne, mon grand-père trouve de magnifiques champignons. (Att. – COD) • **4.** Ils sont tombés amoureux au premier regard. (Att. – COD)

SCORE . . . . / 4

COUP DE POUCE

Essaye de remplacer le verbe par être.

Corrigés p. 5

TOTAL . . . . / 17

13

9 Identifier la fonction COD

Qu'est-ce qu'un COD ? Comment le trouve-t-on ?

▶ Un **complément d'objet direct (COD)** complète le verbe de manière directe (sans préposition). C'est un complément obligatoire ; il ne peut pas être supprimé.

*L'informatique <u>intéresse</u> **Élodie**.* → *Le COD Élodie ne peut pas être supprimé.*
groupe verbal

▶ Pour reconnaître un COD, tu peux poser la question *qui ?* ou *quoi ?* après le verbe.

*Elle a fait **des progrès**.* → *Elle a fait **quoi ? Des progrès**.* (= COD)

▶ Le COD complète le verbe **directement**, c'est-à-dire **sans** l'intermédiaire d'une **préposition** (à, de, par...).

▶ Le COD est le plus souvent un **nom** ou un groupe nominal ; mais il peut être aussi un pronom, un infinitif ou une proposition subordonnée.

*J'ai appris **qu'elle voulait devenir informaticienne*** (proposition subordonnée).

★ **1** **Complète chaque phrase avec le COD qui convient :** l'imprimerie – la pomme de terre – sa monture – le corbeau – la charrue.

1. Le renard trompe .... • **2.** Gutenberg a inventé ....

• **3.** Il ne faut pas mettre .... avant les bœufs. • **4.** Parmentier introduisit

en France .... • **5.** Qui veut voyager loin ménage ....

SCORE .... / 5

★★ **2** **a. Observe les verbes en couleur. Souligne leur COD en rouge s'il s'agit d'un GN.**

Alors vous imaginez ma surprise, au lever du jour, quand une drôle de petite voix m'a réveillé. Elle disait :

– S'il vous plaît... dessine-moi un mouton ! [...] J'ai bien frotté mes yeux. J'ai bien regardé. Et j'ai vu un petit bonhomme tout à fait extraordinaire qui me considérait gravement.

Antoine de Saint-Exupéry, Le Petit Prince © Gallimard, 1945.

b. Souligne-le en bleu s'il s'agit d'un pronom.

SCORE .... / 6

> 🖐 **COUP DE POUCE**
> Les pronoms COD représentent le narrateur.

★★ **3** **Souligne les COD des verbes en couleur, puis indique leur classe grammaticale : GN, pronom ou proposition.**

Le notaire expliqua que l'immeuble était classé monument historique (................).

Des vieux sages de la Renaissance l'avaient habité (................), il ne se rappelait plus

qui. Lorsque le notaire eut enfin trouvé la porte (................), l'eut ouverte

(................) et eut appuyé, cette fois avec succès, sur l'interrupteur électrique, il vit

que son client avait une mine décomposée (................).

D'après Bernard Weber, Les Fourmis © Albin Michel, 1991. Avec l'aimable autorisation des Éditions Albin Michel.

> 🖐 **COUP DE POUCE**
> Deux COD sont des propositions.

Corrigés p. 5

SCORE .... / 5   TOTAL .... / 16

10 Identifier les fonctions COI et COS

Qu'est-ce qu'un COI ? Comment le trouve-t-on ?

▶ Un **complément d'objet indirect (COI)** est un complément du verbe introduit par une **préposition** : le plus souvent *à* ou *de*. C'est un complément obligatoire.

▶ Pour reconnaître un COI, tu peux poser les questions *à qui ?*, *à quoi ?*, *de qui ?*, *de quoi ?*... après le verbe.

   *Je me souviens **de ces vacances**.*
   → *Je me souviens de quoi ? Des vacances.*

▶ Le COI est le plus souvent un **nom** ou un groupe nominal ; il peut être aussi un pronom, un infinitif ou une proposition subordonnée.

   *Mon frère commence **à m'énerver**.*

★ 1 Indique, pour chaque verbe, avec quelle préposition il se construit.

1. obéir . . . . ● **2.** appartenir . . . . ● **3.** accéder . . . .

● **4.** se nourrir . . . . ● **5.** s'apercevoir . . . . ● **6.** se décider . . . .

SCORE . . . . / 6

★ 2 Souligne les COI.

1. Les hiboux se nourrissent de rongeurs. ● **2.** La grenouille appartient à la classe des batraciens. ● **3.** C'est décidé : j'arrête de fumer. ● **4.** Ce chien n'obéit plus à son maître. ● **5.** Il ne se doute pas que je l'ai vu, je vais lui faire une surprise.

SCORE . . . . / 6

ATTENTION 👀
L'une des phrases contient deux COI.

Quelle est la différence entre un COI et un COS ?

▶ Un **complément d'objet second (COS)** est un COI qui suit un autre complément d'objet, direct ou indirect. C'est pourquoi on le nomme « second ».

   *Il ouvre **la porte** (COD) **à sa mère** (COS).*

★★ 3 Relie chaque début de phrase à son COS. Attention au sens !

Il parle de ses notes ●   ● pour mes invités.
Tu demandes des explications ●   ● à son chien.
Il achète une laisse ●   ● à ton maître.
Je prépare un repas ●   ● à ses parents.
J'offre une trousse ●   ● à mon fils.

SCORE . . . . / 5

★★ 4 Souligne les COD et encadre les COS.

On projette un vieux film à la cinémathèque ce soir. Je vais inviter mon frère. Il aime beaucoup le cinéma et passe son temps à regarder des séries.

SCORE . . . . / 8

 COUP DE POUCE
Tu dois trouver quatre COD et un COS.

Corrigés p. 6

TOTAL . . . . / 25

11 Identifier la fonction complément circonstanciel

Qu'est-ce qu'un complément circonstantiel (CC)?

▶ Les **compléments circonstanciels** (CC) sont des compléments **facultatifs** : on peut les déplacer, les supprimer, sans que la phrase devienne incorrecte.

*Nous sommes partis **après le déjeuner**.*
→ ***Après le déjeuner**, nous sommes partis.* → *Nous sommes partis.*

▶ Ils indiquent les **circonstances de l'action** : le lieu, le temps, la manière, le moyen, etc.

★ 1 **Indique si les groupes de mots en couleur sont des compléments d'objet** (CO) **ou des compléments circonstanciels** (CC).

La barque dévalait à grand bruit (...............), fendait l'écume (...............), montait

sur la vague (...............), se balançait quelques instants (...............), ouvrait ses ailes

brunes (...............) et disparaissait dans la nuit (...............). **SCORE** .... / 6

COUP DE POUCE
Tu dois trouver deux compléments d'objet et quatre compléments circonstanciels.

Quelles questions permettent d'identifier un CC ?

▶ Pour reconnaître un CC, pose la question *où ? quand ? comment ? de quelle manière ?* etc.
*Jules construit sa maquette **avec adresse**.*
→ *Il construit sa maquette **comment ? Avec adresse**.* (= CC de manière)
*Nous construisons notre cabane **avec des planches**.*
→ *Nous construisons notre cabane **au moyen de quoi ? Avec des planches**.* (= CC de moyen)

★ 2 **Souligne les compléments circonstanciels, puis complète.**

1. Il joue au loto toutes les semaines.

→ question : .... CC de ....

2. Il entre sans faire de bruit.

→ question : .... CC de ....

3. Il ouvre avec sa clé.

→ question : .... CC de ....

SCORE .... / 6

★★ 3 **Complète les phrases à l'aide des compléments circonstanciels de la liste et indique pour chacun s'il s'agit d'un CC de moyen** (Mo) **ou de manière** (Ma) **:** avec ta fourchette – difficilement – avec son argent de poche – du bon côté.

1. Tiens-toi bien ! Mange .... (.......)

2. Avec toute cette pollution, on respire .... (.......)

3. Il faut prendre la vie .... (.......)

4. Paul s'est acheté un livre .... (.......)

SCORE .... / 8

ATTENTION
Le complément circonstanciel de moyen suppose l'utilisation d'un objet pour réaliser l'action.

Corrigés p. 6

TOTAL .... / 20

GRAMMAIRE

12 Distinguer une phrase verbale d'une phrase non verbale

 Qu'est-ce qu'une phrase verbale ?

▶ Une phrase verbale est une phrase qui **a pour noyau un verbe**.

  *Adèle **passe** ses vacances en Corse.*

▶ Une phrase verbale peut comporter **plusieurs verbes**.

  *Adèle **passe** ses vacances en Corse, où elle **retrouve** ses cousins.*

▶ Le noyau d'une phrase verbale peut être un **verbe à l'infinitif**.

  *Comment vous **expliquer** ?*

 1 **Dans ce texte, souligne les phrases verbales.**

Marcellin explique à son frère son souhait de quitter la montagne pour aller vivre en ville.

— <u>Partir</u> ? <u>Comment partir</u> ?

Marcellin, debout devant lui, les mains dans les poches, souriait avec assurance :

— Partir, tout simplement. M'installer en ville. Travailler dans le commerce. Comme le fils

Augadoux. Tu te souviens du fils Augadoux ?

— Oui, Marcelin.

— C'était un garçon pas plus intelligent, pas plus bête qu'un autre. Depuis trois ans,

il a ouvert un magasin en face de la gare. Il se débrouille. Il donne des leçons de ski.

Il vend des articles de sport...

— Tu vendras des articles de sport ?

— Pourquoi pas ? Le fils Augadoux m'a proposé de m'associer avec lui. Ce serait agréable.

Un travail facile. Des rentrées sûres. Seulement, je devrai verser ma part...

Henri Troyat, La Neige en deuil © Flammarion, 1952.

SCORE . . . . / 16

> **COUP DE POUCE**
> Toutes les phrases ont pour noyau un verbe sauf cinq d'entre elles.

 Qu'est-ce qu'une phrase non verbale ?

▶ Une phrase non verbale est une phrase dont le noyau **n'est pas un verbe**.
  Elle se construit autour d'un autre mot (un nom, un adjectif qualificatif, un adverbe).

▶ Lorsque le noyau est un **nom**, il s'agit d'une **phrase nominale**.
  *Géniales, ces **vacances** !*
  ***Naissance** d'un nouveau champion.*

 2 **Mets entre crochets, dans le texte de l'exercice 1, les phrases non verbales.**

SCORE . . . . / 5

 3 **Souligne le noyau de chacune de ces phrases non verbales, et indique s'il s'agit d'un nom (n.), d'un adjectif (adj.) ou d'un adverbe (adv.).**

1. Alors, content de toi ? (. . . . .) • 2. Attention, un requin ! (. . . . .)

• 3. Doucement, mes amis... (. . . . .) • 4. Quelle beauté ! (. . . . .)

Corrigés p. 6

SCORE . . . . / 4

TOTAL . . . . / 25

13 Reconnaître le type d'une phrase

Qu'est-ce qu'une phrase ?

▶ Une phrase est une **suite ordonnée** de mots qui a un sens.
À l'écrit, elle commence par une **majuscule** et se termine par un **point**
(point, point d'interrogation ou point d'exclamation).

▶ Il existe quatre types de phrase :
  – la phrase **déclarative** énonce un **fait** et se termine par un **point** ;
      Elle a dansé toute la nuit.
  – la phrase **exclamative** exprime avec force un **sentiment**
  et se termine par un **point d'exclamation** ;
      Comme elle danse bien !
  – la phrase **interrogative** pose une **question** et se termine par un **point d'interrogation** ;
      Danse-t-elle le rock ?
  – la phrase **impérative** (ou **injonctive**) exprime un **ordre** ou un **conseil**
  et se termine par un **point** ou un **point d'exclamation**.
      Eh bien dansez maintenant !

★ 1 Indique le type de chaque phrase : déclaratif (D), interrogatif (IN), exclamatif (E) ou impératif (IM).

L'action se déroule dans la campagne normande à la fin du XIXᵉ siècle.

Elle s'appelait Mme Henri d'Hubières. (........) Un matin, en arrivant, elle pénétra dans

la demeure des paysans. (........)

— Mes braves gens, je viens vous trouver parce que je voudrais bien... je voudrais bien

emmener avec moi votre... votre petit garçon... (........)

Elle reprit haleine et continua. (........)

— Nous n'avons pas d'enfants ; nous sommes seuls, mon mari et moi... (........) Nous

le garderions... voulez-vous ? (........)

— Vous voulez nous prend'e Charlot ? (........) Ah ! mais non ; c'est pas des choses

qu'on d'mande à une mère çà ! (........) Allez-vous-en ! (........)

D'après Guy de Maupassant, Aux champs, 1882.

SCORE .... / 9

★★ 2 Indique, pour chaque phrase exclamative, le sentiment exprimé :
surprise – joie – frayeur – colère.

1. Je n'arrive pas à croire que tu sois venu ! (.....................) • 2. Il a menacé de tout

révéler ! (.....................) • 3. J'ai gagné un voyage en Italie ! (.....................)

• 4. Je ne peux plus supporter tes retards ! (.....................)

SCORE .... / 4

COUP DE POUCE
La ponctuation peut t'informer sur le type de la phrase.

 INFO
Les phrases exclamatives peuvent exprimer des sentiments multiples que tu dois rendre à l'oral en donnant l'intonation qui convient.

Corrigés p. 7

TOTAL .... / 13

GRAMMAIRE

14 Utiliser des phrases interrogatives

Qu'est-ce qu'une interrogation totale ?

▶ C'est une phrase interrogative à laquelle on peut **répondre par** *oui* ou par *non*.
L'interrogation porte sur l'ensemble de la phrase.
> *As-tu fait tes devoirs ? Non.*
> *Pars-tu en vacances ? Oui.*

▶ Selon le registre de langue, l'interrogation totale peut se construire de **trois façons** :
– en ajoutant un point d'interrogation à la déclarative ; *Il part en vacances* **?** (familier) ;
– avec « est-ce que » ; **Est-ce que** *tu vas au cinéma ?* (courant) ;
– avec un pronom sujet inversé. *Possèdes-**tu** une console de jeux ?* (soutenu) ;

1 **Les deux phrases suivantes sont des réponses à des interrogations totales.
Pose les questions correspondantes en utilisant les trois formes possibles.**

1. Oui, j'ai apporté le matériel. → Tu as apporté le matériel ? ....

→ ....

→ ....

2. Oui, Mathilde est fille unique. → ....

→ ....

→ ....

SCORE .... / 6

> **COUP DE POUCE**
> Les trois formes correspondent aux trois registres de langue : familier, courant, soutenu.

Qu'est-ce qu'une interrogation partielle ?

▶ L'**interrogation partielle** porte sur une partie de la phrase. Elle s'appuie sur un **mot interrogatif** (*qui, quand, où, comment*...). On ne peut pas y répondre par *oui* ou par *non*.
> **Quand** *dînons-nous ? Dans une demi-heure.*
> *De* **quel** *instrument jouez-vous ? De la batterie.*

2 **Souligne en bleu les interrogations partielles et en rouge les interrogations totales.**

1. Est-ce que tu as reçu mon dernier mail ? • 2. Avez-vous toujours vos insomnies ?

• 3. Comment préparer une quiche lorraine ? • 4. Allo ? Qui est à l'appareil ?

• 5. Préfères-tu aller au cinéma ce soir ou demain ? • 6. Où peut-on trouver des champi-

gnons comme ceux-là ? SCORE .... / 6

3 **Complète les questions suivantes avec les mots interrogatifs qui conviennent,
en tenant compte des réponses proposées.**

1. .... sport pratiques-tu ? L'escrime. • 2. .... sort le prochain film de

Spielberg ? En septembre prochain. • 3. .... vas-tu à Paris ? En train.

• 4. .... a écrit *Harry Potter* ? J.K. Rowling. • 5. Voici deux chemises, ...

préfères-tu ? La bleue. SCORE .... / 5

> **ATTENTION** 👀
> Plusieurs mots interrogatifs sont possibles, mais un seul correspond à la réponse proposée.

> Corrigés p. 7

TOTAL .... / 17

GRAMMAIRE

15 Distinguer phrase affirmative et phrase négative

Qu'est-ce qui distingue une phrase affirmative d'une phrase négative ?

▶ Une phrase **affirmative** est une phrase qui **affirme un fait** ou l'existence de quelque chose. *Aujourd'hui, il fait froid.*

▶ Une phrase **négative** est une phrase qui **nie un fait** ou l'existence de quelque chose. Elle utilise les adverbes *ne… pas, ne… point, ne… jamais, ne… guère, ne… plus.*

    Je le connais. (phrase affirmative) → *Je **ne** le connais **pas**.* (phrase négative)

    Il mange. (phrase affirmative) → *Il **ne** mange **guère**.* (phrase négative)

★ **1** **Relie chaque phrase à son type et à sa forme.**

Ni lui, ni elle ne viendront demain. •   • déclarative – affirmative

N'est-il pas encore descendu ? •   • déclarative – négative

À quoi penses-tu ? •   • interrogative – affirmative

C'est possible. •   • interrogative – négative

SCORE .... / 4

> **INFO**
> Tous les types de phrases peuvent être utilisés aux formes affirmative et négative.

★★ **2** **Réponds à chaque question par l'affirmative, puis par la négative.**

Ex. : *Y a-t-il quelqu'un dans la salle ? Oui, il y a quelqu'un.*
Non, il n'y a personne.

1. Veux-tu encore du gâteau ?

Oui, ... Non, ...

2. As-tu déjà gagné au loto ?

Oui, ... Non, ...

3. Ce groupe de musiciens se produit-il à Paris ?

Oui, ... Non, ...

SCORE .... / 6

★★ **3** **Remplace le verbe en couleur par un autre verbe, à la forme négative. Change également l'adjectif qui suit si nécessaire.**

Ex. : *Cette vieille voiture refuse d'avancer.* → *Cette vieille voiture ne veut pas avancer.*

1. On ignore où se situe l'épicentre du séisme. → ....

2. L'ascension du pic du Midi est difficile. → ....

3. Certaines personnes détestent les araignées. → ....

4. Trouver la solution est impossible. → ....

Corrigés p. 8

SCORE .... / 4   **TOTAL** .... / 14

16 Reconnaître une phrase complexe

Qu'est-ce qu'une phrase simple ?

▶ Une phrase simple comporte **un seul verbe conjugué**, noyau d'une proposition. Attention, elle n'est pas toujours courte.

*Hier soir, Selim et Nadia, **sont revenus** de leur excursion fatigués mais contents.*

1 **a. Sépare chaque phrase par une barre oblique et souligne les verbes conjugués.**

> Mon père, qui s'appelait Joseph, était alors un jeune homme brun, de taille médiocre, sans être petit. Il rencontra un dimanche une petite couturière brune qui s'appelait Augustine, et il la trouva si jolie qu'il l'épousa aussitôt. Je n'ai jamais su comment ils s'étaient connus, car on ne parlait pas de ces choses-là à la maison. Ils étaient mon père et ma mère, de toute éternité et pour toujours.

D'après Marcel Pagnol, *La Gloire de mon père*, Éditions de Fallois, © Marcel Pagnol, 2004.

SCORE . . . . / 9

b. Repère l'unique phrase simple.

Qu'est-ce qui distingue une phrase simple d'une phrase complexe ?

▶ Une phrase complexe comporte **plusieurs verbes conjugués**, donc plusieurs propositions. Celles-ci peuvent être reliées de trois façons différentes.

Juxtaposition	Les propositions sont reliées par un signe de ponctuation (virgule, deux-points...).	[*Un vif plaisir l'envahit*] **:** [*il avait gagné*].
Coordination	Les propositions sont reliées par une conjonction de coordination (*mais, ou, et, donc, or, ni, car*).	[*Un vif plaisir l'envahit*] ***car*** [*il avait gagné*].
Subordination	Une proposition subordonnée introduite par un pronom relatif (*qui, que, dont, où...*) ou une conjonction de subordination (*parce que, lorsque...*) est reliée à une proposition principale.	[*Un vif plaisir l'envahit*] [***parce qu****'il avait gagné*].

2 **Transforme en quatre phrases simples la phrase complexe en couleur de l'exercice 1.**

. . . .

. . . .

SCORE . . . . / 4

3 **Encadre les signes ou les mots qui relient les propositions, puis indique si elles sont reliées par juxtaposition (J), coordination (C) ou subordination (S).**

1. C'est bientôt le printemps et la nature renaît. (. . . .) – **2.** L'hiver prive parfois les oiseaux de nourriture, il faut penser à leur installer des mangeoires. (. . . .) – **3.** Les inondations et la sécheresse sont des phénomènes naturels qui sont redoutés par les agriculteurs. (. . . .)

SCORE . . . . / 6

Corrigés p. 8

TOTAL . . . . / 19

17 Utiliser les signes de ponctuation

Quels signes de ponctuation trouve-t-on à la fin d'une phrase ?

▸ Le **point** marque une longue pause dans la lecture (à l'oral, l'intonation descend). Il sépare nettement deux idées. Il est suivi d'une majuscule. *Adèle a un frère***.** *Il a dix ans.*

▸ Le **point d'interrogation** indique qu'une phrase est une question directe. À l'oral, l'intonation monte. Il est souvent suivi d'une majuscule. *Pourquoi sort-il* **?** ***Q**uand rentrera-t-il ?*

▸ Le **point d'exclamation** souligne l'expression d'un sentiment fort. Il est suivi d'une majuscule si la phrase est terminée, d'une minuscule si elle se poursuit.
Eh bien **!** *m**on ami, ce sera pour demain.*

★ 1 Écris le signe de ponctuation qui convient.

1. Thé ou café .... • **2.** Pitié ! ne m'abandonnez pas .... • **3.** Je connais déjà ce héros

de BD .... • **4.** Comme c'est dommage que vous ne puissiez pas venir demain ....

• **5.** Quelle heure est-il .... • **6.** Rire est le meilleur des remèdes ....

SCORE .... / 6

COUP DE POUCE
Tu peux prononcer ces phrases à voix haute pour t'aider.

Quels signes de ponctuation trouve-t-on à l'intérieur d'une phrase ?

▸ La **virgule** marque une courte pause dans la lecture. Elle peut servir à séparer les termes d'une énumération ou à mettre en relief un groupe de mots.
L'hirondelle, messagère du printemps, est de retour.

▸ Le **deux-points** sert à introduire une explication. Il est suivi d'une minuscule, sauf s'il introduit une citation entre guillemets. *Je n'ai pas compris **:** tu parles trop vite.*

 ★★ 2 Place les virgules et le point qui manquent dans cette phrase.

Prochainement mis sur le marché ce nouveau modèle familial comportera deux places confortables à l'avant trois places passagers à l'arrière et un coffre spacieux.

Alphonse Karr, *Voyage autour de mon jardin*, 1845.

SCORE .... / 7

 ★★ 3 Rétablis la ponctuation de cet extrait de fable.

Maître Corbeau .... sur un arbre perché ....

Tenait en son bec un fromage ....

Maître Renard .... par l'odeur alléché ....

Lui tint à peu près ce langage ....

« Hé .... bonjour .... monsieur du Corbeau ....

Que vous êtes joli .... que vous me semblez beau ....

Sans mentir....... si votre ramage

Se rapporte à votre plumage ....

Vous êtes le phénix des hôtes de ces bois .... »

Jean de La Fontaine, « Le Corbeau et le Renard », *Fables*, 1668-1694.

Corrigés p. 8

ATTENTION
Ce texte est en vers : l'usage est de mettre une majuscule en début de vers, même si ce n'est pas le début d'une phrase.

SCORE .... / 14   TOTAL .... / 27

CONJUGAISON

18 Conjuguer *avoir* et *être* à l'indicatif

Comment conjugue-t-on *avoir* et *être* aux temps simples de l'indicatif ?

Présent	
avoir	être
j'ai	je suis
tu as	tu es
il, elle, on a	il, elle, on est
nous avons	nous sommes
vous avez	vous êtes
ils, elles ont	ils, elles sont

Imparfait	
avoir	être
j'avais	j'étais
tu avais	tu étais
il, elle, on avait	il, elle, on était
nous avions	nous étions
vous aviez	vous étiez
ils, elles avaient	ils, elles étaient

Passé simple	
avoir	être
j'eus	je fus
tu eus	tu fus
il, elle, on eut	il, elle, on fut
nous eûmes	nous fûmes
vous eûtes	vous fûtes
ils, elles eurent	ils, elles furent

Futur simple	
avoir	être
j'aurai	je serai
tu auras	tu seras
il, elle, on aura	il, elle, on sera
nous aurons	nous serons
vous aurez	vous serez
ils, elles auront	ils, elles seront

 1 **Complète avec la forme qui convient :**

est – seront – suis – était – fut – sont – es – ai.

1. Je pense qu'ils .... contents du cadeau que je vais leur faire. • **2.** J' .... trois

enfants, le premier .... un garçon, les autres .... des filles. • **3.** ....-tu seule

à la maison ? — Non, je .... avec mon amie Jeanne, celle qui .... avec moi au

collège l'année dernière. • **4.** Pépin le Bref .... le premier roi carolingien.

SCORE .... / 8

ATTENTION 👀
Dans la phrase 4,
il faut utiliser une
forme au passé
simple.

Comment conjugue-t-on *avoir* et *être* aux temps composés de l'indicatif ?

▶ Pour conjuguer *avoir* et *être* à un **temps composé** :
    1. conjugue l'auxiliaire *avoir* au temps simple qui convient ;
    2. ajoute le participe passé (p.p.) : *eu* pour le verbe *avoir* ; *été* pour le verbe *être*.
    • **Passé composé** : auxiliaire au présent + p.p. → *j'ai eu (avoir), j'ai été (être)*
    • **Plus-que-parfait** : auxiliaire à l'imparfait + p.p. → *j'avais eu (avoir), j'avais été (être)*
    • **Futur antérieur** : auxiliaire au futur simple + p.p. → *j'aurai eu (avoir), j'aurai été (être)*

 ★★ **2** **Conjugue *avoir* ou *être* au temps indiqué entre parenthèses.**

1. Lucie (*avoir*, passé composé) .... trente ans hier. • **2.** Autrefois,

nous (*être*, imparfait) .... de bons amis. • **3.** Si vous (*être*, plus-que-parfait)

.... à l'heure, vous n'auriez pas raté votre train. • **4.** Finalement,

elles (*avoir*, futur antérieur) .... de la chance dans leur malheur.

SCORE .... / 5

 COUP DE POUCE

N'oublie pas qu'un
verbe à un temps
composé comporte
deux mots.

Corrigés p. 9

TOTAL .... / 13

23

19 Conjuguer au présent un verbe du 1er ou du 2e groupe

Comment distinguer les verbes du 1er et du 2e groupe ?

▶ Le **1er groupe** rassemble tous les verbes qui se terminent par *-er* à l'infinitif (sauf *aller*).
Le **2e groupe** rassemble les verbes qui se terminent par *-ir* à l'infinitif
et dont le participe présent se termine par *-issant* (ex. : *finir* → *finissant*).

▶ Les **terminaisons** du présent de l'indicatif varient selon les groupes.
Pour les verbes du 1er groupe : *-e, -es, -e, -ons, -ez, -ent*.
Pour les verbes du 2e groupe : *-is, -is, -it, -issons, -issez, -issent*.

⭐ 1 **Dans cette liste de verbes en *-ir*, barre ceux qui ne sont pas du 2e groupe.**

servir – découvrir – trahir – devenir – grossir – mincir – sentir – vomir – choisir – mentir.

SCORE . . . . / 5

⭐⭐ 2 **Lis ce texte, puis réponds aux questions.**

> Martin a un secret : il cache un jeune faucon qu'il réussit à apprivoiser. C'est une
> aventure dangereuse car, en ce temps-là, un petit paysan risque la prison s'il garde
> pour lui l'oiseau réservé aux chasses du seigneur. Mais Martin s'en moque, il refuse
> de se soumettre et rien ne l'arrêtera.
>
> Jean-Côme Noguès, *Le Faucon déniché,* coll. « Pleine Lune » © Nathan, 2003.

1. Relève les verbes du 1er groupe et indique leur infinitif lorsqu'ils sont conjugués.

. . . .

2. Parmi ces verbes, lequel n'est pas conjugué au présent ? . . . .

3. Quel verbe de ce texte appartient au 2e groupe ? . . . .

SCORE . . . . / 9

COUP DE POUCE
Mets les verbes
au participe présent.

COUP DE POUCE
Il y a sept verbes
du premier groupe,
dont un à l'infinitif.

Certains verbes du 1er groupe changent-ils de radical ?

▶ Les verbes en *-eler, -eter* prennent un accent grave (è) lorsque le *e* se prononce [ɛ].
*tu ach**è**tes, nous achetons ; je g**è**le, nous gelons...*
Attention aux verbes *appeler, jeter* et leurs dérivés qui doublent la consonne *l* ou *t* :
*je je**tt**e, vous jetez ; tu appe**ll**es, nous appelons.*

▶ Les verbes en *-oyer* ou *-uyer* changent le *y* en *i* devant un *e* muet.
*je plo**i**e, nous ployons ; tu essu**i**es, nous essuyons*
Les verbes en *-ayer*, eux, gardent le *y* ou le changent en *i* devant un *e* muet (sauf *rayer*).
*je pa**i**e* ou *je pa**y**e*

⭐⭐ 3 **Conjugue les verbes suivants au présent et à la personne demandée.**

1. appeler (il) : . . . .   **4.** jeter (vous) : . . . .

2. balayer (nous) : . . . .   **5.** trier (tu) : . . . .

3. remplir (tu) : . . . .   **6.** appuyer (tu) : . . . .

Corrigés p. 9

SCORE . . . . / 6   **TOTAL** . . . . / 20

CONJUGAISON

20 Conjuguer au présent un verbe du 3ᵉ groupe

Comment reconnaît-on un verbe du 3ᵉ groupe ?

▶ Le 3ᵉ groupe rassemble tous les verbes qui n'appartiennent ni au 1ᵉʳ ni au 2ᵉ groupe ; ils sont peu nombreux mais **très courants** et ont une **conjugaison irrégulière**.

*savoir : il **sait**, tu **saur**as, je **su**s* (le radical change)

★ 1 Classe les verbes suivants dans le tableau :

prendre – aller – confier – connaître – tirer – se blottir – conduire – vêtir – tanguer.

1ᵉʳ groupe	2ᵉ groupe	3ᵉ groupe

COUP DE POUCE

Il y a trois verbes du 1ᵉʳ groupe, un du 2ᵉ groupe et cinq du 3ᵉ groupe.

SCORE .... / 9

Comment conjugue-t-on au présent les verbes du 3ᵉ groupe ?

▶ Les **terminaisons** du présent de l'indicatif des verbes du 3ᵉ groupe sont :
-s, -s, -t (ou *-d*), *-ons, -ez, -ent*.

*je conclu**s**, tu conclu**s**, il conclu**t**, nous conclu**ons**, vous conclu**ez**, ils conclu**ent***
*je prend**s**, tu prend**s**, il prend, nous pren**ons**, vous pren**ez**, ils prenn**ent***

▶ Aux personnes du singulier, les terminaisons de *pouvoir*, *valoir* et *vouloir* sont : *-x, -x, -t*.

*je peu**x**, tu peu**x**, il peu**t***

▶ Le verbe *aller* est particulièrement irrégulier.

je vais, tu vas, il va, nous allons, vous allez, ils vont

★★ 2 Écris l'infinitif de chaque verbe.

1. elle croît : ....
4. nous battons : ....

2. ils vont : ....
5. elles surprennent : ....

3. tu redis : ....
6. il croit : ....

ATTENTION
Ne confonds pas croire et croître.

SCORE .... / 6

★★ 3 Conjugue les verbes entre parenthèses au présent.

1. Aux Jeux olympiques, les athlètes (venir) .... de tous les pays.

2. Les coureurs (devoir) .... se placer sur les starting-blocks avant le départ.

3. Il ne (savoir) .... pas s'il a gagné, il (attendre) .... le résultat final.

4. Nous (prendre) .... en photo le podium des vainqueurs.

5. Pour lutter contre le dopage, ils (faire) .... des contrôles fréquents.

SCORE .... / 6

TOTAL .... / 21

CONJUGAISON

21 Conjuguer un verbe au futur simple

Comment conjuguer un verbe au futur simple ?

▶ Au futur, tous les verbes prennent les mêmes **terminaisons**, toujours précédées de la lettre **r** : *-ai, -as, -a, -ons, -ez, -ont*.

▶ Les verbes des 1er et 2e groupes **conservent l'infinitif** en entier. Il ne faut pas oublier le **e** de l'infinitif en **-er**, même si on ne le prononce pas : *je crierai (crier), tu joueras (jouer)*.

▶ Les verbes *jeter, appeler* et leurs dérivés doublent le **t** ou le **l** du radical : *je jetterai, j'appellerai*.
D'autres, comme *mourir* ou *voir*, doublent le **r** du radical : *je mourrai, je verrai*.

★ **1** **Pour chaque verbe, coche la bonne orthographe.**

1. appeler : nous ❑ apelerons ❑ appellerons ❑ appelerons
2. secourir : il nous ❑ secouera ❑ secourira ❑ secourra
3. voir : tu ❑ verras ❑ voiras ❑ voieras
4. avouer : vous ❑ avourrez ❑ avouerez ❑ avourez

SCORE . . . . / 4

★★ **2** **Conjugue les verbes entre parenthèses au futur.**

1. Nous (courir) . . . . plus vite la prochaine fois. • 2. J'espère qu'à l'avenir

les usines ne (rejeter) . . . . plus leurs déchets dans les rivières. •

3. Au petit matin, le jardinier (cueillir) . . . . les fleurs encore fraîches. •

4. (Rire) . . . . bien qui (rire) . . . . le dernier.

SCORE . . . . / 5

★★ **3** **Réécris le texte en conjuguant les verbes en couleur au futur.**

> Au printemps, quand les neiges fondent dans les Alpes, d'autres eaux apparaissaient. Les digues craquaient sous leur poids et de nouveau les prairies à perte de vue ne formaient qu'un seul étang. Mais, en été, sous la chaleur torride, la rivière s'évaporait.
>
> Henri Bosco, *L'Enfant et la rivière* © Gallimard, 1945.

. . . .

. . . .

. . . .

. . . .

SCORE . . . . / 5

★★ **4** **Conjugue les verbes au futur, à la 2e personne du singulier.**

1. apprécier : . . . . 4. secouer : . . . .

2. essuyer : . . . . 5. publier : . . . .

3. rappeler : . . . . 6. racheter : . . . .

SCORE . . . . / 6

ATTENTION 👀
Ne confonds pas le verbe *secouer* et le verbe *secourir*.

COUP DE POUCE
Dans deux cas, n'oublie pas de doubler la consonne du radical.

Corrigés p. 10

TOTAL . . . . / 20

22 Conjuguer un verbe à l'imparfait

Comment conjugue-t-on les verbes à l'imparfait ?

▶ Les **terminaisons** de l'imparfait de l'indicatif sont les mêmes pour tous les groupes : *-ais, -ais, -ait, -ions, -iez, -aient*.

▶ Attention à ne pas oublier le *i* des terminaisons *-ions* et *-iez* pour les verbes :
  – en *-yer* : *nous pay**i**ons, vous pay**i**ez*
  – en *-ier* : *nous ri**i**ons, vous ri**i**ez*
  – en *-illir* : *nous cue**illi**ons, vous cue**illi**ez*
  – en *-gner* : *nous soi**gni**ons, vous soi**gni**ez*

★★ **1** **Conjugue les verbes à l'imparfait pour retrouver le texte original.**

C'(être) .... midi. Les voyageurs (monter) .... dans l'autobus.

On (être) .... serré. Un jeune monsieur (porter) ....

sur sa tête un chapeau qui (être) .... entouré d'une tresse

et non d'un ruban. Il (avoir) .... un long cou. Il (se plaindre)

.... auprès de son voisin des heurts que ce dernier lui (infliger)

.... Dès qu'il (apercevoir) .... une place libre,

il (se précipiter) .... vers elle et (s'asseoir) ...... y ....

Je l'(apercevoir) .... plus tard, devant la gare Saint-Lazare.

Raymond Queneau, « Imparfait », *Exercices de style* © Gallimard, 1947.

SCORE .... / 12

★★ **2** **Conjugue les verbes suivants à la personne demandée, au présent puis à l'imparfait.**

1. copier (vous) : ...., ...

2. griller (nous) : ...., ...

3. soigner (vous) : ...., ...

4. envoyer (vous) : ...., ...

SCORE .... / 8

ATTENTION 👀
Pense au i des terminaisons -ions et -iez.

★★ **3** **Conjugue les verbes entre parenthèses à l'imparfait.**

1. Tu m'(agacer) .... beaucoup. • **2.** Enfant je (déménager)

.... souvent. • **3.** Il (distinguer) .... mal les couleurs.

SCORE .... / 3

ATTENTION 👀
Pense à la cédille pour les verbes en -cer, et au e pour les verbes en -ger.

★★ **4** **Conjugue le verbe au présent ou à l'imparfait selon le sens de la phrase.**

1. Molière (être) .... mort depuis plus de trois siècles. • **2.** Il (écrire) ....

des comédies pour le roi Louis XIV. • **3.** Tout le monde ne les (apprécier) ....

pas. • **4.** Depuis longtemps, ses œuvres (être) .... au programme du collège.

SCORE .... / 4

Corrigés p. 10

TOTAL .... / 27

23 Conjuguer un verbe au passé simple

Comment conjuguer les verbes des 1er et 2e groupes au passé simple ?

▶ **1er groupe**, terminaisons : *-ai, -as, -a, -âmes, -âtes, -èrent.*
   je jetai, tu jetas, il jeta, nous jetâmes, vous jetâtes, ils jetèrent

▶ **2e groupe**, terminaisons : *-is, -is, -it, -îmes, -îtes, -irent.*
   je remplis, tu remplis, il remplit, nous remplîmes, vous remplîtes, ils remplirent

★ 1 **Forme des verbes en *-ir* à partir des adjectifs suivants,
puis conjugue-les au passé simple, à la personne demandée.**

Ex : rouge : rougir   2e pers. du singulier : tu rougis

1. riche : s'.........................   1re pers. du singulier : je m'.........................

2. vieux : ....   3e pers. du singulier : ....

3. doux : ....   3e pers. du pluriel : ....

SCORE .... / 6

COUP DE POUCE
Tu dois trouver des verbes du 2e groupe.

Les verbes du 3e groupe se conjuguent-ils différemment ?

▶ Oui, selon le verbe, on peut utiliser **trois systèmes de terminaisons.**
   fuir : je fuis, tu fuis, il fuit, nous fuîmes, vous fuîtes, ils fuirent
   savoir : je sus, tu sus, il sut, nous sûmes, vous sûtes, ils surent
   tenir : je tins, tu tins, il tint, nous tînmes, vous tîntes, ils tinrent

★ 2 **Barre les verbes qui ne sont pas conjugués au passé simple.**

mentirent – viens – dit – voulus – lis – vendirent – disent – lus – dirent

SCORE .... / 3

COUP DE POUCE
Les verbes qui ne sont pas au passé simple sont au présent.

★★ 3 **Conjugue les verbes au passé simple, aux personnes demandées.**

	2e pers. du singulier	3e pers. du singulier	3e pers. du pluriel
boire	....	il but	....
changer	....	....	ils changèrent
joindre	tu joignis	....	....
devenir	tu devins	....	....

SCORE .... / 8

★★ 4 **Conjugue les verbes entre parenthèses au temps demandé.**

Nous (*marcher*, imparfait) .... dans le parc, quand un énorme chien

(*surgir*, passé simple) .... Il (*avoir*, imparfait) ....

l'air méchant. Finalement, il (*s'éloigner*, passé simple) .... Mon cœur

(*battre*, imparfait) .... à tout rompre.

SCORE .... / 5

Corrigés p. 10

TOTAL .... / 22

CONJUGAISON

24 Conjuguer un verbe au passé composé et au plus-que-parfait

Comment forme-t-on les temps composés ?

▶ Les temps composés sont formés de l'auxiliaire *avoir* ou *être* et du participe passé du verbe conjugué.
- Le **passé composé** est formé de l'auxiliaire *avoir* ou *être* au **présent** et du participe passé du verbe conjugué : *j'**ai** joué* ; *il **est** tombé*.
- Le **plus-que-parfait** est formé de l'auxiliaire *avoir* ou *être* à l'**imparfait** et du participe passé du verbe conjugué : *j'**avais** joué* ; *il **était** tombé*.

▶ **Attention !** Le participe passé de certains verbes du 3e groupe se termine par une **lettre muette** ; pour la retrouver, pense au féminin : *j'ai mi**s*** (mi**s**e au féminin).

★ 1 Souligne le (ou les) verbe(s) conjugué(s) à un temps composé.

J'ai lu sur Internet que 35 % des Français ne lisaient jamais aucun livre : je n'y ai pas cru.

SCORE .... / 2

★★ 2 Conjugue ces verbes au passé composé et à la 3e personne du singulier.

1. survoler : il ....

2. offrir : il ....

3. rejoindre : il ....

4. rentrer : il ....

5. savoir : il ....

6. permettre : elle ....

7. boire : elle ....

8. mourir : elle ....

9. apprendre : elle ....

10. peindre : elle ....

SCORE .... / 10

> **COUP DE POUCE**
> N'oublie pas les lettres muettes à la fin de cinq participes passés.

★★ 3 Réécris ces deux phrases en conjuguant tous les verbes au plus-que-parfait.

M. des Lourdines se baissa et ramassa un cèpe magnifique. Il retourna le champignon, l'examina, le sentit, chassa la terre qui y adhérait et le glissa dans un sac.

Alphonse de Châteaubriant, *Monsieur des Lourdines*, 1911.

....

....

SCORE .... / 8

> **COUP DE POUCE**
> Le verbe pronominal *se baisser* se conjugue avec l'auxiliaire *être*.

★★ 4 Conjugue les verbes entre parenthèses au temps demandé.

1. Les étudiants (*réussir*, passé composé) .... leurs examens.

2. J'(*serrer*, plus-que-parfait) .... cet écrou au maximum.

3. L'entraîneur (*féliciter*, passé composé) .... ses joueurs.

4. Il (*partir*, passé composé) .... très tôt ce matin.

5. Elles (*faire*, plus-que-parfait) .... une pause dans un refuge.

SCORE .... / 5

 INFO
La plupart des verbes forment leur temps composé avec l'auxiliaire *avoir*.

Corrigés p. 11

TOTAL .... / 25

25 Conjuguer un verbe à l'impératif présent

À quoi l'impératif sert-il ?

▶ On utilise l'impératif pour exprimer un **ordre**, un **conseil** ou une **interdiction**. *Tais-toi !*

1 Réécris les phrases à la **2ᵉ personne du pluriel**, puis indique par une initiale ce qu'elles expriment : un ordre (O), un conseil (C) ou une interdiction (I).

1. Ouvre ton livre. → .... → ....

2. Ne cours pas dans les escaliers ! → .... → ....

3. Appelle-moi en début de matinée. → .... → ....

SCORE .... / 6

Comment conjugue-t-on un verbe à l'impératif présent ?

Le présent de l'impératif ne comporte que **trois personnes** : 2ᵉ personne du singulier (*tu*), 1ʳᵉ personne et 2ᵉ personne du pluriel (*nous, vous*). Le sujet n'est jamais exprimé.

▶ Les terminaisons varient selon le groupe du verbe.
1ᵉʳ groupe : - *e, -ons, -ez* (*chant**e**, chant**ons**, chant**ez***).
2ᵉ groupe : - *is, -issons, -issez* (*rempl**is**, rempl**issons**, rempl**issez***).
3ᵉ groupe : - *s, -ons, -ez* (*descend**s**, descend**ons**, descend**ez***).
Certains verbes sont irréguliers : *aller* (*va, allons, allez*), *savoir* (*sache, sachons, sachez*)...

▶ Pour les verbes qui se terminent par une voyelle à la 2ᵉ personne du singulier, on ajoute un *s* devant *en* et *y* pour faciliter la prononciation. *Achète. Achèt**es**-en.*

2 Conjugue les verbes de cette recette à l'impératif présent, à la **2ᵉ personne du pluriel**.

Moelleux au chocolat

(Faire) .... fondre le chocolat avec le beurre. (Mélanger) ....

le sucre et la farine. (Battre) .... bien avant de poursuivre. (Incorporer)

.... les œufs. (Remuer) .... vigoureusement le tout. (Verser)

.... dans un moule. (Faire) .... cuire 8 minutes au four préchauffé

à 180 °C. (Servir) .... le moelleux accompagné d'une boule de glace vanille.

SCORE .... / 8

> **INFO**
> À la 2ᵉ personne du pluriel, *faire* prend la terminaison *-tes* (comme *dire*).

3 Conjugue les verbes en couleur à la **2ᵉ personne du singulier** de l'impératif présent, et remplace chaque complément par un des pronoms suivants : la – le – y.

1. Essuyer la vaisselle. → ....

2. Attendre ton frère. → ....

3. Réfléchir à cette question. → ....

4. Retourner chez tes parents. → ....

> **ATTENTION**
> À l'impératif, on relie le verbe et le pronom par un trait d'union.

> Corrigés p. 11

SCORE .... / 4   **TOTAL** .... / 18

26 Conjuguer un verbe au conditionnel présent

Comment conjuguer un verbe au conditionnel présent ?

▶ Au conditionnel présent, tous les verbes prennent les mêmes terminaisons, toujours précédées de la lettre **r** : *-ais, -ais, -ait, -ions, -iez, -aient.*
  • Comme au futur, les verbes des 1er et 2e groupes conservent l'infinitif en entier.
    je crierais ; nous finirions

★ 1 **Conjugue les verbes entre parenthèses au conditionnel présent.**

1. J'(aimer) .... savoir jouer au tennis. • **2.** (Pouvoir) ....

-vous venir ? • **3.** Je (se plaire) .... certainement ici. • **4.** Tu

(devoir) .... relire ce livre.

SCORE .... / 4

★★ 2 **Réécris ce texte en conjuguant les verbes au conditionnel présent.**

Sonia ferme les volets et, comme à l'habitude, le couinement des charnières alerte
le chat. Il saute d'un bond sur l'étagère, puis il essaie de se glisser entre les battants.
Sonia le saisit vivement par le train arrière. Il tourne la tête, miaule de colère
en découvrant ses dents.

D'après Didier Daeninckx, *Le Chat de Tigali*, coll. « Mini Syros » © Syros, 1990.

....

....

....

SCORE .... / 7

Quand doit-on employer le conditionnel ?

▶ Le conditionnel s'emploie, comme mode, pour exprimer :
  – une action soumise à une condition ;
  Si je gagnais au loto, j'achèterais une maison.
  – une action simplement imaginée ;
  Je serais le méchant ; tu serais la gentille !
  – une demande polie ; *Pourrais-tu me donner un peu de pain ?*
  – un conseil ou un souhait ;
  Tu devrais y aller à pied. J'aimerais y aller à pied.
  – une affirmation indignée. *Toi, tu ferais cela !*

Si les écureuils savaient jouer aux cartes, cela se saurait !

Bataille !

★★ 3 **Conjugue les verbes suivants au futur ou au conditionnel selon le sens de la phrase.**

1. Je (revenir) .... bientôt • **2.** Si je le pouvais, je (changer)

.... de vie. • **3.** Si tu veux rester en forme, tu (devoir) ....

faire du sport. • **4.** Merci de tes conseils, j'en (tenir) .... compte.

SCORE .... / 4

ATTENTION
Les verbes du 3e groupe comme pouvoir et devoir ne conservent pas l'infinitif dans leur conjugaison.

COUP DE POUCE
Tu dois mettre sept verbes au conditionnel présent.

Corrigés p. 11

TOTAL .... / 15

27 Former le pluriel d'un nom

J'ARRIVE MON CHOU, JE FINIS DE METTRE MES BIJOUX.

Comment forme-t-on le pluriel d'un nom ?

▶ En général, on forme le pluriel d'un nom **en ajoutant un s**.

▶ Il y a quelques exceptions à cette règle :

	Règle particulière	Exemples	Exceptions
Pluriel en -x	Les noms en **-au, -eau, -eu** ont un pluriel en **-x**.	des préaux, des châteaux, des cheveux	Mais *bleu* et *pneu* prennent un **s**.
	7 noms en **-ou** ont aussi un pluriel en -x.	des bijoux, des cailloux, des choux, des genoux, des hiboux, des joujoux, des poux	
Pluriel en -aux	Les noms en **-al** ont un pluriel en **-aux**.	un cheval → des chevaux un cristal → des cristaux	des bals, des carnavals, des chacals, des festivals, des récitals, des régals
	7 noms en **-ail** ont aussi un pluriel en **-aux**.	bail, corail, émail, soupirail, travail, vitrail un travail → des travaux	

• Les **noms en s, x, z** au singulier (*procès, nez, doux*) ne changent pas au pluriel.

★ ❶ Écris les noms suivants au pluriel.

1. un cadeau : des ....

2. un journal : des ....

3. un chou : des ....

4. un local : des ....

5. un cheveu : des ....

6. un tuyau : des ....

SCORE .... / 6

 COUP DE POUCE

Tous ces noms se terminent par un x au pluriel.

★ ❷ Écris les noms suivants au singulier.

1. des progrès : un ....

2. des jeux : un ....

3. des veaux : un ....

4. des gaz : un ....

5. des rivaux : un ....

6. des fous : un ....

SCORE .... / 6

 COUP DE POUCE

Deux noms s'écrivent de la même façon au singulier et au pluriel.

★★ ❸ Barre l'intrus dans chaque liste.

1. croix – temps – nez – champ – corps
2. éventail – corail – rail – portail – détail

SCORE .... / 2

 COUP DE POUCE

Pour trouver l'intrus, mets les mots au pluriel et observe ce qui change.

★★ ❹ Trouve le mot qui correspond à la définition, puis mets-le au pluriel.

1. Vitre aux verres colorés. → un ...., des ....

2. Parasite qui s'installe dans les cheveux. → un ...., des ....

3. Contrat fixant la durée d'une location. → un ...., des ....

Corrigés p. 12

SCORE .... / 6

TOTAL .... / 20

Chouette

6ᵉ

11-12 ANS

Le guide

Français

✓ **Les corrigés des exercices**
**Tous les corrigés détaillés,
avec des explications complémentaires**

✓ **Des infos parents**
**Au centre du livret, des informations
sur le programme et des conseils
pour aider votre enfant dans son travail**

Hatier

TEST (pages 4 et 5)

GRAMMAIRE

1. cinq noms
2. je, il, me, lui
3. étroit, vive (fonction : épithète)
4. la chenille (sujet) ;
un papillon (attribut du sujet)
5. COS
6. CC de manière
7. impératif
8. deux propositions

CONJUGAISON

9. est, seront, a été
10. prendre, vouloir, aller
11. je croyais (imparfait)
12. ils ont réussi (passé composé) ;
ils avaient réussi (plus-que-parfait)
13. donne (impératif)
14. préférerais (conditionnel)

ORTHOGRAPHE

15. des feux destructeurs, des voix perçantes,
de beaux dimanches
16. une héroïne courageuse, une actrice célèbre,
une reine égyptienne
17. genre, nombre, nom
18. nombre, personne, sujet
19. conseillés
20. a. Où, ou, à • b. On, a
21. a. Ce, ce • b. se, ses
22. hôtel, théâtre, gâteau, août

VOCABULAIRE

23. affreux
24. a. synonymes • b. antonymes
25. incroyable, inadapté, insoluble

LECTURE ET EXPRESSION ÉCRITE

26. a. soutenu • b. courant • c. familier
27. passé simple (ou passé composé), imparfait,
décrire
28. 1. situation initiale 2. élément perturbateur
3. péripéties 4. dénouement 5. situation finale

1 Reconnaître un nom

1 1. L'équateur (m, s) partage la Terre en deux parties égales : les hémisphères (m, p). • 2. Dans le Sahara, des oasis (f, p) se forment là où remontent les rivières souterraines provenant du massif (m, s) de l'Atlas. • 3. Au centre de la place (f, s) de la Concorde se trouve l'obélisque (m, s) qui a été donné par l'Égypte à la France en 1835. • 4. Cette association œuvre pour la protection des espèces (f, p) en voie de disparition.

2 Denise était venue à pied de la gare Saint-Lazarre, où un train de Cherbourg l'avait débarquée avec ses deux frères, après une nuit passée sur la dure banquette d'un wagon de troisième classe.

EXPLICATION

On repère les noms propres à leur majuscule.
Ils s'emploient le plus souvent sans déterminant.

3

	Noms animés	Noms inanimés	Noms concrets	Noms abstraits
humour		X		X
Tintin	X		X	
album		X	X	
Tibet		X		X
chien	X		X	

EXPLICATION

Parmi les noms inanimés, on trouve des noms concrets (*album*) et des noms abstraits (*humour*, *Tibet*).

2 Utiliser des déterminants

1 1. Ils adorent manger de la *glace*.
→ Ils adorent manger des gâteaux.
2. As-tu reçu des *cadeaux* pour ton anniversaire ?
→ As-tu reçu de l'argent pour ton anniversaire ?
3. Elle joue au *football*. → Elle joue au football.

2 Pendant que la voiture ronflait, Adèle cherchait sur son GPS un itinéraire pour le voyage qu'elle avait en tête. Mais où se trouvait cette ville ? Avant ou après la traversée de la Loire ?

EXPLICATION

Dans certaines expressions comme « avoir quelque chose en tête », le nom *tête* n'est pas précédé par un déterminant, mais seulement par la préposition *en*.

3 Un jour, apercevant le roi et sa fille dans leur carrosse, le chat se précipite vers le fils du meunier.
— Déshabillez-vous, mon maître ! Plongez dans la rivière qui longe la route, et laissez-moi faire !

EXPLICATION

Cet extrait évoque des personnages et des lieux précis, d'où une majorité d'articles définis.

3 Employer des pronoms personnels

1 a. « S'il tombait une vieille étoile au fond du jardin, me dit Patachou, elle serait à moi.
– Tu me la donnerais ?
– Volontiers, mais qu'en ferais-tu ?
– Je la ramasserais.
– Tu te brûlerais. »

EXPLICATION

Il tombait est une tournure impersonnelle : le pronom il ne désigne aucune chose ni aucune personne précises.

b. elle, la, en.
c. me, moi, tu, je, te.

2 1. Mon ami et moi sommes allés au cinéma.
→ Nous sommes allés au cinéma (sujet).
2. Ils ont fait la publicité de ce nouveau produit.
→ Ils en ont fait la publicité (COI).
3. Quand pensez-vous revoir cet ami ?
→ Quand pensez-vous le revoir ? (COD)
4. Le Louvre propose un tarif réduit à ses adhérents.
→ Le Louvre leur propose un tarif réduit (COS).

EXPLICATION

Les pronoms ont la même fonction grammaticale que les groupes de mots qu'ils remplacent.

4 Employer d'autres pronoms

1 1. Tu as tes idées, il a les siennes, inutile de vous disputer. • 2. J'ai pris mon parapluie, j'espère qu'ils auront pris le leur. • 3. J'ai cassé la mine de mon crayon, puis-je t'emprunter le tien ? • 4. Je vous accompagne chez votre ami, quelle voiture prenons-nous ? la vôtre ou la mienne ?

2 1. On m'a donné ce livre (cette revue), ce n'est pas celui que j'aurais choisi.
→ On m'a donné cette revue, ce n'est pas celle que j'aurais choisie.
2. Si vous voulez un melon (des pastèques) bien mûr, prenez celui-ci.
→ Si vous voulez des pastèques bien mûres, prenez celles-ci.
3. Les bonbons (les sucettes), les enfants adorent ça !
→ Les sucettes, les enfants adorent ça !

EXPLICATION

Ça est un pronom neutre qui reste invariable : il ne varie donc ni en genre ni en nombre avec le nom qu'il remplace.

3 1. Rire, ça fait du bien au moral. • 2. C'est heureux qu'il ait réussi à prendre son train à temps. • 3. Jouer aux cartes avec des tricheurs, je n'aime pas cela du tout. • 4. Le lys, c'est le symbole de la royauté. • 5. Cette maison est humide, ce qui la rend insalubre.

EXPLICATION

Le pronom démonstratif neutre peut remplacer un nom (4), un infinitif (1) ou une proposition (2, 3, 5).

⑤ Reconnaître un adjectif qualificatif

① arrière → plate-forme
complet → autobus
long → cou
mou → feutre
entouré → feutre
tressé → galon

② 1. un plat *qui met en appétit* → appétissant
2. une revue *qui paraît toutes les semaines*
→ hebdomadaire
3. une silhouette *de femme* → féminine
4. un enfant *qui n'a pas de parents* → orphelin

③ Derrière nous, une <u>forme</u> *humaine* (épithète) était *allongée* (attribut), *drapée* (épithète) dans une *longue* (épithète) <u>robe</u> *blanchie* (épithète) par la poussière. [...] Le long des murs, une rangée de <u>statues</u> qui semblaient dormir, *couchées* (épithète) sur de *lourds* (épithète) <u>cercueils</u> de pierre.

EXPLICATION
Ici, le nom *robe* est caractérisé par deux adjectifs épithètes (*longue* et *blanchie*).

④ allongée, drapée, blanchie, couchées

EXPLICATION
Certains verbes ont un participe passé qui peut être utilisé comme adjectif. Exemple : *blanchir*. On peut *blanchir* une robe (action du verbe) et la robe est *blanchie* (qualification de la couleur de la robe).

⑥ Reconnaître un verbe

① Verbes conjugués : veulent (deux fois) – sait (deux fois) – viennent – faut – se parlent – se trouvent – se découvrent – s'apprennent – savent – se regroupent – s'interpellent – se répondent – entend.
Verbes à l'infinitif : dire (deux fois) – tendre – parler.

EXPLICATION
Les verbes construits avec un pronom personnel réfléchi comme *se parler* ou *s'interpeler* sont des verbes pronominaux.

② 1. La chambre ☒ état ❑ action très sombre. • 2. Une lueur apparaît ❑ état ☒ action au fond du couloir. • 3. Cette lueur paraît ☒ état ❑ action faible. • 4. Dans cette pénombre, il a peur et reste ☒ état ❑ action prostré. • 5. Il demeure ☒ état ❑ action assis, en attendant que quelqu'un vienne ❑ état ☒ action.

③ 1. laver – manger – saler – ~~baver~~ – couper.
2. ouvrir – ~~accourir~~ – cueillir – bâtir – servir.
3. séduire – produire – cuire – détruire – ~~luire~~.

EXPLICATION
Les verbes intransitifs sont des verbes pour lesquels il n'y a pas de réponse aux questions *qui ? quoi ? à qui ? à quoi ?*
Exemples : *baver qui ? luire de quoi ?*

⑦ Identifier la fonction sujet

① 1. *Mes amis et moi* (nous) avons décidé de partir en camping. • 2. *Paul et sa sœur* (ils) apporteront une tente, *Jeanne et toi* (vous) achèterez des provisions. • 3. *Adèle et Louise* (elles) prépareront l'itinéraire et *Adrien* (il) louera une voiture.

EXPLICATION
Si le sujet est constitué de plusieurs noms de genres différents, le masculin l'emporte et le pronom est pluriel : *Paul et sa sœur* → ils.

② 1. <u>Nous</u> *avons vu* ce film en avant-première. • 2. *Peux-tu* me prêter ton stylo ? • 3. <u>Lucie</u> *ouvrit* la boîte aux lettres, *prit* la lettre et la *décacheta*. • 4. <u>Souffler</u> n'*est* pas jouer. • 5. Quand *se présente* <u>un client</u>, soyez aimable, je vous prie.

	Classe grammaticale du sujet			Place du sujet	
	nom ou GN	pronom	infinitif	avant le verbe	après le verbe
1.		X		X	
2.		X			X
3.	X			X	
4.			X	X	
5.	X				X

EXPLICATION

Le sujet est généralement placé avant le verbe ; il se trouve après le verbe dans les phrases interrogatives (*phrase 2*), mais pas seulement (*phrase 5*, sujet inversé).

3 **1.** À côté de nous ❏ flambaient ☒ flambait l'énorme cheminée où, par grand froid, ☒ se consumaient ❏ se consumait des troncs d'arbres entiers. • **2.** L'herbe sombre et une double ligne d'arbres ❏ délimite ☒ délimitent le bord de la rivière.

8 Identifier la fonction attribut du sujet

1 **1.** Si son habit était <u>fané</u>, sa figure était <u>fraîche</u>, et, d'ailleurs, cette mise paraissait <u>la plus éblouissante du monde</u> au jeune baron de Sigognac. • **2.** Le Tranche-montagne, lui, était <u>maigre</u>, <u>hâve</u>, <u>noir</u> et <u>sec</u> comme un pendu d'été. Sa peau semblait <u>un parchemin collé sur des os</u>.

2

Mon objectif est <u>de gagner</u>.
Le judo et la lutte sont <u>des sports d'opposition</u>.
Ce chien devient de plus en plus <u>agressif</u>.
L'escargot est <u>hermaphrodite</u>.
La chenille est devenue <u>un papillon</u>.

adjectif

nom ou GN

infinitif

EXPLICATION

Lorsque l'attribut du sujet est un adjectif, il s'accorde avec le sujet : *chien … agressif* ; dans les autres cas, il n'y a pas d'accord, on peut, par exemple, qualifier un sujet au masculin par un attribut au féminin : *une chenille… un papillon*.

3 **1.** Avec cette nouvelle coiffure, elle se trouve plus séduisante. (Att. – COD) • **2.** Le résultat de cette opération semble faux. (Att. – COD) • **3.** Chaque automne, mon grand-père trouve de magnifiques champignons. (Att. – COD) • **4.** Ils sont tombés amoureux au premier regard. (Att. – COD)

EXPLICATION

Trouver est un verbe transitif suivi d'un COD (*de magnifiques champignons*) ; *se trouver* est un verbe pronominal qui « attribue » la qualité *séduisante* au sujet *elle*.

9 Identifier la fonction COD

1 **1.** Le renard trompe le corbeau. • **2.** Gutenberg a inventé l'imprimerie. • **3.** Il ne faut pas mettre la charrue avant les bœufs. • **4.** Parmentier introduisit en France la pomme de terre. • **5.** Qui veut voyager loin ménage sa monture.

2 **a.** Alors vous imaginez <u>ma surprise</u>, au lever du jour, quand une drôle de petite voix <u>m</u>'a réveillé. Elle disait :
— S'il vous plaît... dessine-moi <u>un mouton</u> !
J'ai bien frotté <u>mes yeux</u>. J'ai bien regardé. Et j'ai vu <u>un petit bonhomme tout à fait extraordinaire</u> qui <u>me</u> considérait gravement.
b. Voir ci-dessus (pronoms soulignés en bleu).

EXPLICATION

On dit *réveiller quelqu'un, considérer quelqu'un* : m' et me sont bien COD. Ils sont placés avant le verbe.

3 Le notaire *expliqua* <u>que l'immeuble était classé monument historique</u> (proposition). Des vieux sages de la Renaissance <u>l</u>'*avaient habité* (pronom), il ne *se rappelait* plus qui. Lorsque le notaire *eut* enfin *trouvé* <u>la porte</u> (GN), *l*'*eut ouverte* (pronom) et eut appuyé, cette fois avec succès, sur l'interrupteur électrique, il *vit* <u>que son client avait une mine décomposée</u> (proposition).

EXPLICATION

Une proposition COD est le plus souvent introduite par la conjonction de subordination *que*.

10 Identifier les fonctions COI et COS

1 1. obéir à • 2. appartenir à • 3. accéder à • 4. se nourrir de • 5. s'apercevoir de • 6. se décider à

2 1. Les hiboux se nourrissent <u>de rongeurs</u>. • 2. La grenouille appartient <u>à la classe des batraciens</u>. • 3. C'est décidé : je m'arrête <u>de fumer</u>. • 4. Ce chien n'obéit plus <u>à son maître</u>. • 5. Il ne se doute pas <u>que je l'ai vu</u>, je vais <u>lui</u> faire une surprise.

EXPLICATION
Quand le COI est un pronom ou une proposition, il n'est pas toujours introduit par une préposition, tu ne peux donc pas utiliser cet indice à chaque fois (*phrase 5*).

3

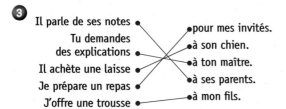

Il parle de ses notes • → • pour mes invités.
Tu demandes des explications → • à son chien.
Il achète une laisse • → • à ton maître.
Je prépare un repas • → • à ses parents.
J'offre une trousse • → • à mon fils.

EXPLICATION
Le plus souvent, les COI ou COS sont introduits par les prépositions *à* et *de* ; mais d'autres prépositions peuvent aussi les introduire, comme ici dans la phrase : *Je prépare un repas pour mes invités.*

4 On projette <u>un vieux film</u> à la cinémathèque ce soir. Je vais inviter <u>mon frère</u>. Il aime beaucoup <u>le cinéma</u> et passe <u>son temps</u> <mark>à regarder des séries</mark>.

EXPLICATION
Attention : *à la cinémathèque* n'est pas un COS, mais un complément circonstanciel de lieu.

11 Identifier la fonction complément circonstanciel

1 La barque dévalait à grand bruit (CC), fendait l'écume (CO), montait sur la vague (CC), se balançait quelques instants (CC), ouvrait ses ailes brunes (CO) et disparaissait dans la nuit (CC).

EXPLICATION
Les CC apportent des précisions sur l'action du verbe, mais ils ne sont pas indispensables dans la phrase, contrairement aux CO.

2 1. Il joue au loto <u>toutes les semaines</u>.
question : quand ? CC de temps.
2. Il entre <u>sans faire de bruit</u>.
question : comment ? CC de manière.
3. Il ouvre <u>avec sa clé</u>.
question : avec quoi ? CC de moyen.
3 1. Tiens-toi bien ! Mange avec ta fourchette. (CC Mo) • 2. Avec toute cette pollution, on respire difficilement. (CC Ma) • 3. Il faut prendre la vie du bon côté. (CC Ma) • 4. Paul s'est acheté un livre avec son argent de poche. (CC Mo)

EXPLICATION
Le CC introduit par la préposition *avec* indique le *moyen* lorsqu'il a le sens de « avec quoi ? à l'aide de quoi ? » (1, 4) ou la *manière* lorsqu'il a le sens de « comment ? » (5).

12 Distinguer une phrase verbale d'une phrase non verbale

1 2 – <u>Partir ?</u> <u>Comment partir ?</u>
Marcelin, debout devant lui, les mains dans les poches, souriait avec assurance :
– <u>Partir, tout simplement. M'installer en ville. Travailler dans le commerce.</u> [Comme le fils Augadoux.] <u>Tu te souviens du fils Augadoux ?</u>
– [Oui, Marcelin.]
– <u>C'était un garçon pas plus intelligent, pas plus bête qu'un autre. Depuis trois ans, il a ouvert un magasin en face de la gare. Il se débrouille. Il donne des leçons de ski. Il vend des articles de sport...</u>
– <u>Tu vendras des articles de sport ?</u>
– [Pourquoi pas ?] <u>Le fils Augadoux m'a proposé de m'associer avec lui. Ce serait agréable.</u> [Un travail facile. Des rentrées sûres.] <u>Seulement, je devrai verser ma part...</u>

EXPLICATION
Les phrases construites autour d'un verbe à l'infinitif, comme « *Partir ? Comment partir ?* », sont des phrases verbales, l'infinitif étant une des formes que peut prendre le verbe.

3 1. Alors, <u>content</u> de toi ? (adjectif) • 2. Attention, un <u>requin</u> ! (nom) • 3. <u>Doucement</u>, mes amis... (adverbe) • 4. Quelle <u>beauté</u> ! (nom)

13 Reconnaître le type d'une phrase

1 Elle s'appelait Mme Henri d'Hubières. (D) Un matin, en arrivant, elle pénétra dans la demeure des paysans. (D)

— Mes braves gens, je viens vous trouver parce que je voudrais bien... je voudrais bien emmener avec moi votre... votre petit garçon... (D)

Elle reprit haleine et continua. (D)

— Nous n'avons pas d'enfants ; nous sommes seuls, mon mari et moi... (D) Nous le garderions... voulez-vous ? (IN)

— Vous voulez nous prend'e Charlot ? (IN) Ah ! mais non ; c'est pas des choses qu'on d'mande à une mère çà ! (E) Allez-vous-en ! (IM)

EXPLICATION

Dans un dialogue, le verbe qui suit ou précède la réplique (*demander, ordonner, dire, admettre, s'exclamer...*) peut t'informer sur le type de la phrase et l'intonation à donner à la lecture.

2 1. Je n'arrive pas à croire que tu sois venu ! (surprise) • 2. Il a menacé de tout révéler ! (frayeur) • 3. J'ai gagné un voyage en Italie ! (joie) • 4. Je ne peux plus supporter tes retards ! (colère)

14 Utiliser des phrases interrogatives

1 1. Oui, j'ai apporté tout le matériel nécessaire.
→ Tu as apporté le matériel ?
→ Est-ce que tu as apporté le matériel ?
→ As-tu apporté le matériel ?
2. Oui, Mathilde est fille unique.
→ Elle est fille unique ?
→ Est-ce qu'elle est fille unique ?
→ Est-elle fille unique ?

2 1. <u>Est-ce que tu as reçu mon dernier mail ?</u> • 2. <u>Avez-vous toujours vos insomnies ?</u> • 3. <u>Comment préparer une quiche lorraine ?</u> • 4. <u>Allo ? Qui est à l'appareil ?</u> • 5. <u>Préfères-tu aller au cinéma ce soir ou demain ?</u> • 6. <u>Où peut-on trouver des champignons comme ceux-là ?</u>

EXPLICATION

Les questions qui proposent une alternative, un choix entre deux choses (5) sont des interrogations totales car les éléments de la réponse sont contenus dans la question : on peut répondre *oui, ce soir* ou *oui, demain*.

3 1. Quel sport pratiques-tu ? L'escrime. • 2. Quand sort le prochain film de Spielberg ? En septembre prochain. • 3. Comment vas-tu à Paris ? En train. • 4. Qui a écrit *Harry Potter* ? J.K. Rowling. • 5. Voici deux chemises, laquelle préfères-tu ? La bleue.

EXPLICATION

Certains pronoms interrogatifs sont invariables : *qui, que, quand...,* d'autres varient en genre et en nombre : *quel, quelle, quels, lequel, laquelle...*

15 Distinguer phrase affirmative et phrase négative

1

Ni lui, ni elle ne viendront demain. • — • déclarative – affirmative

N'est-il pas encore descendu ? • — • déclarative – négative

À quoi penses-tu ? • — • interrogative – affirmative

C'est possible. • — • interrogative – négative

2 1. Veux-tu encore du gâteau ?
Oui, je veux encore du gâteau.
Non, je ne veux plus de gâteau.
2. As-tu déjà gagné au loto ?
Oui, j'ai déjà gagné au loto.
Non, je n'ai jamais gagné au loto.
3. Ce groupe de musiciens se produit-il à Paris ?
Oui, il se produit à Paris.
Non, il ne se produit pas à Paris.

EXPLICATION
À l'oral, on oublie souvent l'adverbe *ne* dans une phrase négative ; mais à l'écrit, tu ne dois surtout pas l'oublier.

3 1. On ignore où se situe l'épicentre du séisme.
→ On ne sait pas où se situe l'épicentre du séisme.
2. L'ascension du pic du Midi est difficile.
→ L'ascension du pic du Midi n'est pas facile.
3. Certaines personnes détestent les araignées.
→ Certaines personnes n'aiment pas les araignées.
4. Trouver la solution est impossible.
→ Trouver la solution n'est pas possible.

EXPLICATION
Une même idée peut s'exprimer à la forme négative ou à la forme affirmative.

16 Reconnaître une phrase complexe

1 **a.** Mon père, qui s'appelait Joseph, était alors un jeune homme brun, de taille médiocre, sans être petit./ *Il rencontra un dimanche une petite couturière brune qui s'appelait Augustine, et il la trouva si jolie qu'il l'épousa aussitôt.*/ Je n'ai jamais su comment ils s'étaient connus, car on ne parlait pas de ces choses-là à la maison./Ils étaient mon père et ma mère, de toute éternité et pour toujours.
b. Seule la dernière phrase est simple.

2 Il rencontra un dimanche une petite couturière brune. Elle s'appelait Augustine.
Il la trouva jolie. Il l'épousa aussitôt.

3 1. C'est bientôt le printemps et la nature renaît. (C)
• 2. L'hiver prive parfois les oiseaux de nourriture, il faut penser à leur installer des mangeoires. (J) • 3. Les inondations et la sécheresse sont des phénomènes naturels qui sont redoutés par les agriculteurs. (S)

EXPLICATION
Les conjonctions de subordination et les pronoms relatifs introduisent des propositions subordonnées qui sont dépendantes d'une proposition dite «principale».

17 Utiliser les signes de ponctuation

1 1. Thé ou café ? • 2. Pitié ! ne m'abandonnez pas !
• 3. Je connais déjà ce héros de BD. • 4. Comme c'est dommage que vous ne puissiez pas venir demain !
• 5. Quelle heure est-il ? • 6. Rire est le meilleur des remèdes.

EXPLICATION
Le point d'exclamation peut exprimer des sentiments différents : une supplication (2), un regret (4)...

2 Prochainement mis sur le marché, ce nouveau modèle familial, comportera deux places confortables à l'avant, trois places passagers à l'arrière et un coffre spacieux.

3 Maître Corbeau, sur un arbre perché,
Tenait en son bec un fromage.
Maître Renard, par l'odeur alléché,

Lui tint à peu près ce langage :

« Hé ! bonjour, monsieur du Corbeau,

Que vous êtes joli ! que vous me semblez beau !

Sans mentir, si votre ramage

Se rapporte à votre plumage,

Vous êtes le phénix des hôtes de ces bois. »

EXPLICATION

Dans une poésie, la ponctuation joue un rôle important : elle informe le lecteur sur les pauses et l'intonation de la voix (qui sont souvent plus marquées que dans un autre type de texte).

18 Conjuguer *avoir* et *être* à l'indicatif

1 **1.** Je pense qu'ils seront contents du cadeau que je vais leur faire. • **2.** J'ai trois enfants, le premier est un garçon, les autres sont des filles. • **3.** Es-tu seule à la maison ? — Non, je suis avec mon amie Jeanne, celle qui était avec moi au collège l'année dernière. • **4.** Pépin le Bref fut le premier roi carolingien.

2 **1.** Lucie a eu trente ans hier. • **2.** Autrefois, nous étions de bons amis. • **3.** Si vous aviez été à l'heure, vous n'auriez pas raté votre train. • **4.** Finalement, elles auront eu de la chance dans leur malheur.

EXPLICATION

Après si, on ne doit pas utiliser le conditionnel : on ne dit pas *si vous auriez été.*

19 Conjuguer au présent un verbe du 1er ou du 2e groupe

1 ~~servir~~ – ~~découvrir~~ – trahir – ~~devenir~~ – grossir – mincir – ~~sentir~~ – vomir – choisir – ~~mentir~~.

2 **1.** cache (cacher), apprivoiser, risque (risquer), garde (garder), se moque (se moquer), refuse (refuser), arrêtera (arrêter). • **2.** arrêtera. • **3.** réussit (réussir).

EXPLICATION

• Le verbe *arrêter* est au futur.

• Au participe présent, on dit *réussissant* : réussir est donc bien un verbe du 2e groupe.

3 **1.** appeler (il) : il appelle

2. balayer (nous) : nous balayons

3. remplir (tu) : tu remplis

4. jeter (vous) : vous jetez

5. trier (tu) : tu tries

6. appuyer (tu) : tu appuies

EXPLICATION

Quand tu conjugues un verbe en -uyer ou -oyer, n'oublie pas de changer le y en i devant le e muet : *il emploie.*

20 Conjuguer au présent un verbe du 3e groupe

1

1er groupe	2e groupe	3e groupe
confier – tirer – tanguer	se blottir	prendre – aller – connaître – conduire – vêtir

EXPLICATION

• Le verbe *aller* est du 3e groupe car il est irrégulier.

• Les verbes du 2e groupe forment leur participe présent en -issant, ceux du 3e groupe dont l'infinitif se termine par -ir forment leur participe présent en -ant (vêtir → vêtant).

2 **1.** elle croît : croître

2. ils vont : aller

3. tu redis : redire

4. nous battons : battre

5. elles surprennent : surprendre

6. il croit : croire

EXPLICATION

Pour trouver l'infinitif d'un verbe, utilise l'expression *en train de. Ils vont* → *ils sont en train d'aller.*

3 **1.** Aux Jeux olympiques, les athlètes viennent de tous les pays. • **2.** Les coureurs doivent se placer sur les starting-blocks avant le départ. • **3.** Il ne sait pas s'il a gagné, il attend le résultat final. • **4.** Nous prenons en photo le podium des vainqueurs. • **5.** Pour lutter contre le dopage, ils font des contrôles fréquents.

EXPLICATION

Devoir et *savoir* ne sont pas de la famille de *voir* et ne se conjuguent pas de la même façon.

21 Conjuguer un verbe au futur simple

1 1. appeler : nous ☐ apelerons ☒ appellerons ☐ appelerons.
2. secourir : il nous ☐ secouera ☐ secourira ☒ secourra.
3. voir : tu ☒ verras ☐ voiras ☐ voieras.
4. avouer : vous ☐ avourrez ☒ avouerez ☐ avourez.

EXPLICATION
Secouera est le futur du verbe *secouer* et non du verbe *secourir*.

2 1. Nous courrons plus vite la prochaine fois.
• 2. J'espère qu'à l'avenir les usines ne rejetteront plus leurs déchets dans les rivières. • 3. Au petit matin, le jardinier cueillera les fleurs encore fraîches. • 4. Rira bien qui rira le dernier.

3 Au printemps, quand les neiges fondront dans les Alpes, d'autres eaux apparaîtront. Les digues craqueront sous leur poids et de nouveau les prairies à perte de vue ne formeront qu'un seul étang. Mais, en été, sous la chaleur torride, la rivière s'évaporera.

EXPLICATION
Rejeter est un dérivé du verbe *jeter* : il se conjugue donc de la même façon.

4 1. apprécier : tu apprécieras.
2. essuyer : tu essuieras.
3. rappeler : tu rappèleras.
4. secouer : tu secoueras.
5. publier : tu publieras.
6. racheter : tu rachèteras.

22 Conjuguer un verbe à l'imparfait

1 C'était midi. Les voyageurs montaient dans l'autobus. On était serré. Un jeune monsieur portait sur sa tête un chapeau qui était entouré d'une tresse et non d'un ruban. Il avait un long cou. Il se plaignait auprès de son voisin des heurts que ce dernier lui infligeait.
Dès qu'il apercevait une place libre, il se précipitait vers elle et s'y asseyait.
Je l'apercevais plus tard, devant la gare Saint-Lazare.

EXPLICATION
Le verbe *s'asseoir* peut se conjuguer *s'asseyait* ou *s'assoyait* à l'imparfait.

2 1. copier (vous) : vous copiez, vous copiiez.
2. griller (nous) : nous grillons, nous grillions.
3. soigner (vous) : vous soignez, vous soigniez.
4. envoyer (vous) : vous envoyez, vous envoyiez.

EXPLICATION
La prononciation au présent et à l'imparfait est presque semblable, mais la différence existe à l'écrit.

3 1. Tu m'agaçais beaucoup.
2. Enfant je déménageais souvent.
3. Il distinguait mal les couleurs.

EXPLICATION
Les verbes en -cer prennent une *cédille* devant le *a* (1). Les verbes en -ger prennent un *e* devant le *a* (2).

4 1. Molière est mort depuis plus de trois siècles.
• 2. Il écrivait des comédies pour le roi Louis XIV.
• 3. Tout le monde ne les appréciait pas. • 4. Depuis longtemps, ses œuvres sont au programme du collège.

EXPLICATION
Lorsqu'on évoque des faits qui ont commencé dans le passé mais qui durent encore, on utilise le présent.

23 Conjuguer un verbe au passé simple

1 1. riche : s'enrichir 1re pers. du singulier : je m'enrichis
2. vieux : vieillir 3e pers. du singulier : il vieillit
3. doux : adoucir 3e pers. du pluriel : ils adoucirent

EXPLICATION
Pour les verbes *enrichir* et *adoucir*, tu aurais pu aussi choisir de former des verbes pronominaux : *je m'enrichis, ils s'adoucirent.*

2 mentirent – ~~viens~~ – dit – voulus – ~~lis~~ – vendirent – ~~disent~~ – lus – dirent

EXPLICATION
Le verbe *dire* prend la même forme à la 3e personne du singulier du présent et du passé simple : *il dit.*

③

	2ᵉ pers. du singulier	3ᵉ pers. du singulier	3ᵉ pers. du pluriel
boire	tu bus	il but	ils burent
changer	tu changeas	il changea	ils changèrent
joindre	tu joignis	il joignit	ils joignirent
devenir	tu devins	il devint	ils devinrent

④ Nous marchions dans le parc, quand un énorme chien surgit. Il avait l'air méchant. Finalement, il s'éloigna. Mon cœur battait à tout rompre.

EXPLICATION
On utilise le passé simple pour rapporter des actions ponctuelles et qui forment le premier plan du récit ; l'imparfait permet de décrire l'arrière-plan du récit ou de rapporter des actions habituelles, répétitives.

24 Conjuguer un verbe au passé composé et au plus-que-parfait

① J'ai lu sur Internet que 35 % des Français ne lisaient jamais aucun livre : je n'y ai pas cru.

② 1. survoler : il a survolé
2. offrir : il a offert
3. rejoindre : il a rejoint
4. rentrer : il est rentré
5. savoir : il a su
6. permettre : elle a permis
7. boire : elle a bu
8. mourir : elle est morte
9. apprendre : elle a appris
10. peindre : elle a peint

EXPLICATION
Pour trouver la lettre finale du participe passé, mets-le au féminin, puis enlève le e : offerte → offert ; permise → permis...

③ M. des Lourdines s'était baissé et avait ramassé un cèpe magnifique. Il avait retourné le champignon, l'avait examiné, l'avait senti, avait chassé la terre qui y avait adhéré et l'avait glissé dans un sac.

EXPLICATION
Il s'était baissé (voix pronominale) ; tous les verbes pronominaux forment leurs temps composés avec l'auxiliaire être.

④ 1. Les étudiants ont réussi leurs examens.
2. J'avais serré cet écrou au maximum.
3. L'entraîneur a félicité ses joueurs.
4. Il est parti très tôt ce matin.
5. Elles avaient fait une pause dans un refuge.

25 Conjuguer un verbe à l'impératif présent

① 1. Ouvre ton livre.
→ Ouvrez votre (vos) livre(s). → O
2. Ne cours pas dans les escaliers !
→ Ne courez pas dans les escaliers ! → I
3. Appelle-moi en début de matinée.
→ Appelez-moi en début de matinée. → O

EXPLICATION
La 2ᵉ personne du pluriel indique que l'on s'adresse soit à plusieurs personnes, soit à une personne que l'on vouvoie.

② **Moelleux au chocolat**
Faites fondre le chocolat avec le beurre. Mélangez avec le sucre et la farine. Battez bien avant de poursuivre. Incorporez les œufs. Remuez vigoureusement le tout. Versez dans un moule. Faites cuire 8 minutes au four préchauffé à 180 °C. Servez le moelleux accompagné d'une boule de glace vanille.

EXPLICATION
Attention au verbe faire qui a une conjugaison irrégulière : fais, faisons, faites.

③ 1. Essuie-la. • 2. Attends-le • 3. Réfléchis-y. • 4. Retournes-y.

26 Conjuguer un verbe au conditionnel présent

① 1. J'aimerais savoir jouer au tennis. • 2. Pourriez-vous venir ? • 3. Je me plairais certainement ici. • 4. Tu devrais relire ce livre.

② Sonia fermerait les volets et, comme à l'habitude, le couinement des charnières alerterait le chat. Il sauterait d'un bond sur l'étagère, puis il essaierait de se glisser entre les battants. Sonia le saisirait vivement par le train arrière. Il tournerait la tête, miaulerait de colère en découvrant ses dents.

EXPLICATION

Le verbe *essayer* (comme tous les verbes en *-ayer*) peut soit changer le *y* en *i* devant le *e* muet, soit garder le *y* : il *essaierait/essayerait*.

3 1. Je reviendrai bientôt • 2. Si je le pouvais, je changerais de vie. • 3. Si tu veux rester en forme, tu devras faire du sport. • 4. Merci de tes conseils, j'en tiendrai compte.

EXPLICATION

Dans une proposition subordonnée au présent introduite par *si*, le verbe de la principale est au futur (*devras*).

27 Former le pluriel d'un nom

1 1. un cadeau : des cadeaux • 2. un journal : des journaux • 3. un chou : des choux • 4. un local : des locaux • 5. un cheveu : des cheveux • 6. un tuyau : des tuyaux

EXPLICATION

Tous les mots en *-eau* prennent un *x* au pluriel (*des cadeaux*) ; il n'y a pas d'exception.

2 1. des progrès : un progrès • 2. des jeux : un jeu • 3. des veaux : un veau • 4. des gaz : un gaz • 5. des rivaux : un rival • 6. des fous : un fou

EXPLICATION

Les mots qui se terminent par *x*, *s* ou *z* au singulier ne changent pas au pluriel (*un gaz → des gaz*).

3 1. croix – temps – nez – champ – corps
2. éventail – corail – rail – portail – détail

EXPLICATION

• 1. *champ* est le seul nom de la liste à changer au pluriel.
• 2. *un corail, des coraux*.

4 1. un vitrail, des vitraux
2. un pou, des poux
3. un bail, des bails ou des baux

28 Former le pluriel d'un adjectif

1 Les <u>nouveaux</u> smartphones ont des écrans <u>incurvés</u> qui sont très <u>lumineux</u>.

2 1. un conseiller municipal
→ des conseillers municipaux
2. un bisou baveux → des bisous baveux
3. un pneu lisse → des pneus lisses
4. un bel homme → de beaux hommes
5. un pou sauteur → des poux sauteurs
6. un frère jumeau → des frères jumeaux

EXPLICATION

L'adjectif *beau* devient *bel* quand il se trouve devant une voyelle ou un *h* muet, comme ici. Mais les deux formes ont le même pluriel : *beaux*.

3 1. Cet acteur est très *connu*. → célèbre → célèbres
2. Il est *violent* avec les autres. → brutal → brutaux
3. Ce repas était vraiment *succulent*.
→ délicieux → délicieux
4. Ce manteau *neuf* est élégant.
→ nouveau → nouveaux
5. Son visage est assez *commun*. → banal → banals

4 1. amical – natal – musical
2. glacial – fatal – hivernal
3. beau – ramolli – fondu
4. vert – marron – jaune

EXPLICATION

Les adjectifs de couleur qui viennent d'un nom sont en général invariables (ex. : *marron*).

29 Former le féminin d'un nom animé

1 1. un concurrent : une concurrente
2. un époux : une épouse
3. un ami : une amie
4. un chat : une chatte

2

un cerf — une déesse
un dieu — une biche
un empereur — une oie
un jar — une impératrice

❸ 1. élève – vétérinaire – ~~maître~~ – artiste – journaliste
2. ~~éditeur~~ – vendeur – voleur – joueur – chanteur
3. parisien – lion – chat – ~~lapin~~ – technicien
4. boucher – meunier – écolier – ~~employé~~ – cuisinier

EXPLICATION
• **1.** les autres mots de la liste ne varient pas au féminin.
• **2.** les autres mots de la liste font leur féminin en *-euse*.
• **3.** les autres mots de la liste doublent la consonne finale au féminin.
• **4.** les autres mots de la liste font leur féminin en *–ère*.

30 Former le féminin d'un adjectif

❶ Il était une fois une fille, jolie comme un cœur mais fainéante et désordonnée. Lorsqu'elle se mettait parfois à filer et tombait sur un petit nœud dans la laine, elle arrachait aussitôt toute la touffe et la jetait à terre. Sa servante était une fille travailleuse et ramassait cette laine, la dénouait patiemment et la filait finement pour en tisser une étoffe et en faire une jolie robe.

EXPLICATION
Les adjectifs en *-in* ou *-ein* comme *plein* ne doublent pas la consonne finale au féminin.

❷ fainéant, désordonné, travailleur, joli.

❸ 1. la beauté → masculin : beau → féminin : belle
2. vieillir → masculin : vieux → féminin : vieille
3. la cruauté → masculin : cruel → féminin : cruelle

❹ 1. une voix aiguë • **2.** une déclaration publique • **3.** une figue sèche • **4.** une amande amère

31 Accorder un adjectif

❶ Mais la dernière vitrine surtout les retint. Une exposition de soies, de satins et de velours y épanouissait, dans une gamme souple et vibrante, les tons les plus délicats des fleurs : au sommet, les velours, d'un noir profond, d'un blanc de lait caillé ; plus bas, les satins, les roses, les bleus, aux cassures vives, se décolorant en pâleurs d'une tendresse infinie.

❷ 1. La voiture neuve de mes parents est déjà en panne. • **2.** Alors Maxime, quoi de neuf ? • **3.** Il a des chaussures neuves mais il préfère mettre les vieilles, plus confortables. • **4.** As-tu pensé à repasser ta chemise et ton pantalon neufs ? • **5.** Est-ce que cette scie électrique et cette perceuse sont neuves ?

EXPLICATION
Lorsque l'adjectif s'accorde avec deux noms de genre différent, on place le nom masculin en 2e position : *une chemise et un pantalon neufs* et non *un pantalon et une chemise neufs.*

❸ 1. des bonnets de laine (bleue – bleus) • **2.** un coupon de toile (écrue – écru) • **3.** des pantalons de toile (déchirée – déchirés) • **4.** de la confiture de fraises (sucrées – sucrée) • **5.** des éclats de verre (brisés – brisé) • **6.** un tas de feuilles (mort – mortes).

EXPLICATION
Lorsque l'adjectif suit un nom déterminé par un complément du nom, l'accord se fait avec le déterminé ou le déterminant selon le sens : *un coupon de toile écrue, la toile est écrue, des pantalons de toile déchirés, les pantalons sont déchirés.*

32 Accorder le verbe avec son sujet

❶ « Bien des hôtes malheureux *sont venus* ici, mais je n'en *ai* pas encore *vu* qui *ressemble* autant que toi à Ulysse, pour l'allure, la voix, les pieds. » Or, la vieille, tâtant du plat de la main, *reconnut* la cicatrice d'Ulysse au palper. La joie et la souffrance *s'emparèrent* de son esprit ; ses yeux *se remplirent* de larmes.

❷

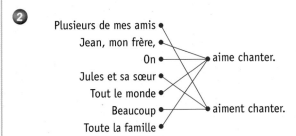

EXPLICATION
L'expression *Jean, mon frère*, ne comporte pas deux sujets mais un seul puisqu'il s'agit de la même personne. Quand le sujet est un groupe de mots de sens collectif (*toute la famille*), le verbe se met au singulier.

③ 1. Penses-tu pouvoir venir au cinéma demain ? • **2.** Marie les attend pour dîner. • **3.** La plupart des gens préfèrent manger chaud à midi. • **4.** Ouvrir et fermer sont des verbes de sens contraire. • **5.** La tour Eiffel est un monument qu'adorent les touristes.

㉝ Distinguer un participe passé en -é d'un infinitif en -er

① 1. Cette maison est à *vendre*.
→ Cette maison est à acheter.
2. Jeanne a *perdu* ses boucles d'oreille.
→ Jeanne a retrouvé ses boucles d'oreille.
3. Il faut *ouvrir* la porte de ta chambre.
→ Il faut fermer la porte de ta chambre.
4. Je fais *refroidir* la tarte aux pommes.
→ Je fais (ré)chauffer la tarte aux pommes.

EXPLICATION
Un infinitif remplace un infinitif, un participe passé remplace un participe passé.

② 1. À force de (voir – *vu*) regarder des films d'horreur, il fait des cauchemars. • **2.** Nadia et Robin vont lui (offrir – *offert*) donner un cadeau pour sa fête. • **3.** Ce que tu fais là n'est pas (*permettre* – permis) autorisé. • **4.** C'est difficile, mais il faut (vaincre – *vaincu*) dominer ta peur. • **5.** Le bûcheron a (*abattre* – abattu) coupé ce vieil arbre.

③ « Je sais que Meaulnes est parti. Plus exactement, je le soupçonne de s'être *échappé*. Sitôt le déjeuner *terminé*, il a dû *sauter* le petit mur et *filer* à travers champs. Il aura *demandé* la jument pour *aller chercher* M. et Mme Charpentier. Il fait *atteler* en ce moment. »

EXPLICATION
Attention à ne pas confondre le verbe conjugué et l'auxiliaire de conjugaison. *Il aura demandé* : le verbe conjugué est *demander*, conjugué au futur antérieur, et non *avoir*.

㉞ Accorder le participe passé

① a. Elle demeura <u>saisie</u> d'étonnement. Elle apercevait mille bibelots <u>connus</u> jadis, et <u>disparus</u> tout à coup, ces petits objets insignifiants qui avaient traîné quinze ans à côté d'elle, et qui prenaient une importance soudaine de témoins <u>oubliés</u>, d'amis <u>retrouvés</u>. Ils lui faisaient l'effet de ces gens qu'on a fréquentés pendant longtemps sans qu'ils se soient jamais révélés et qui soudain se mettent à bavarder sans fin. Elle allait de l'un à l'autre se disant : « Tiens, c'est moi qui ai fêlé cette tasse de Chine. »

EXPLICATION
Plusieurs participes passés employés comme adjectifs épithètes peuvent qualifier le même nom : *connus* et *disparus* qualifient tous deux *bibelots*.

② 1. traîné : pas de COD, donc pas d'accord.
2. fréquentés : COD *qu'* (mis pour *ces gens*) placé avant, donc accord avec ce COD (masculin pluriel).
3. fêlé : COD *cette tasse de Chine* placé après, donc pas d'accord.

③ Mon grand-père a fait la plus belle chose du monde : il a élevé quatre garçons et trois filles ; et il les a bien élevés.
De nombreuses personnes ont pleuré à son enterrement et son souvenir est resté vivace dans la mémoire de ceux qui l'avaient aimé.

EXPLICATION
Élevés s'accorde avec le COD *les* (mis pour *quatre garçons et trois filles*).
Aimé s'accorde avec le COD *l'* (mis pour *mon grand-père*).

© Phovoir

Quel est le programme de français en 6ᵉ ?
- Quelle place y occupe la lecture ?
- Comment l'orthographe est-elle enseignée ?
- Comment pouvez-vous aider votre enfant à la maison ?

Voici les points sur lesquels ce supplément « Infos parents » tente de vous apporter des réponses claires.

Quel est le programme de français en 6ᵉ ?

Le programme de français pour la classe de 6ᵉ a changé à la rentrée 2016. Il est intégré désormais au programme du cycle 3, un cycle d'enseignement qui s'étend du Cm1 à la 6ᵉ. Il a fait l'objet de quelques ajustements pour la rentrée 2018.

➡ Quatre domaines

▶ Lecture, écriture, langage oral

En 6ᵉ, comme au CM1 et au CM2, le programme de français est organisé autour **d'activités de lecture et d'écriture diversifiées,** en lien avec des thèmes de culture littéraire et artistique (voir ci-dessous). Ce programme met aussi fortement **l'accent sur le langage oral**. Les élèves apprennent à écouter des interventions, à faire une présentation orale, à interagir dans un débat.

▶ L'étude de la langue

Prépondérantes, ces activités de lecture, d'écriture et de langage oral sont complétées par des activités en **grammaire,** en **orthographe** et dans le **domaine du lexique** (vocabulaire) qui permettent de comprendre le fonctionnement de la langue française et d'en acquérir les règles.

➡ Connaissances et compétences

Dans chacun de ces domaines, le programme du cycle 3 met en avant les compétences attendues à la fin de la 6ᵉ. Les connaissances listées dans les programmes **servent à construire ces compétences.**
Voici, par exemple, les compétences exigibles dans le domaine de l'expression écrite :

- Écrire à la main de manière fluide et efficace.
- Écrire avec un clavier rapidement et efficacement.
- Recourir à l'écriture pour réfléchir et pour apprendre.
- Produire des écrits variés.
- Prendre en compte les normes de l'écrit pour formuler, transcrire et réviser.

➡ Une approche interdisciplinaire

▶ Le français et les autres disciplines

Le travail en français permet de nombreux croisements entre les disciplines :

- le professeur de français veille tout particulièrement à ménager des rapprochements avec **le latin et le grec,** tant sur le plan culturel que sur le plan linguistique ;
- il puise aussi dans les thématiques **d'histoire des arts** pour élaborer des projets ;
- les ressources du numérique sont intégrées au travail ordinaire de la classe, de même que la réflexion sur leurs usages ;
- enfin, l'enseignement du français contribue fortement à la **formation civique et morale** des élèves en développant l'esprit critique et la capacité à argumenter.

Quelle est la part consacrée à la lecture en 6e ?
Comment aider votre enfant s'il n'aime pas lire ?

> Dans le prolongement du CM2, l'enseignant de français s'assure que ses élèves lisent et comprennent des textes et des documents de plus en plus complexes. Une part importante des cours de français est cependant désormais consacrée à l'interprétation d'œuvres littéraires.

➡ Les thèmes de culture littéraire et artistique en 6e

Le programme de français s'articule autour de **quatre thèmes de culture littéraire et artistique**, associé chacun à des indications de « corpus ».

Le monstre, aux limites de l'humain
• Extraits de l'*Odyssée* ou des *Métamorphoses* d'Ovide • Des légendes antiques ou des contes merveilleux
Récits d'aventures
• Un classique du roman d'aventures • Un film d'aventures
Récits de création et création poétique
• Un extrait long de *La Genèse* et des extraits d'autres grands récits de création empruntés à d'autres cultures • Des poèmes célébrant le monde
Résister au plus fort : ruses, mensonges et masques
• Des fables, des fabliaux ou une comédie sur le thème de la ruse et des rapports de pouvoir

➡ Les œuvres étudiées en texte intégral

En lien avec ce programme, l'enseignant de français fait étudier, en général, deux ou trois œuvres en texte intégral. Il demande à ses élèves d'acheter les livres correspondants, le plus souvent dans des collections bon marché. Il peut s'agir d'œuvres classiques ou contemporaines ; dans tous les cas, ce sont des œuvres littéraires qui – comparativement à un ouvrage de littérature jeunesse – présentent **une certaine densité textuelle**.

Votre enfant va devoir donc lire ces œuvres, à la maison, avant leur étude en classe. Mais, rassurez-vous, la lecture de chaque titre est répartie et organisée par l'enseignant sur plusieurs semaines.

➡ Aider son enfant à lire les œuvres

▶ Lire avec votre enfant

Si votre enfant n'aime pas lire, l'idéal, si cela vous est possible, consiste à **lire une partie ou la totalité de l'œuvre avec lui,** faisant de ce travail un temps convivial en famille. Il ne faut pas hésiter à établir avec votre enfant un contrat du type : « Je te lis un chapitre, tu me lis un chapitre ». En partageant ainsi la durée de lecture, celle-ci lui paraîtra moins difficile et pourra même devenir un plaisir.

▶ La lecture autonome

Si votre enfant préfère lire de manière autonome, n'hésitez pas à **lire l'œuvre de votre côté** et à trouver des moments pour en discuter avec lui. Cette lecture parallèle vous permettra par ailleurs de l'aider plus efficacement à préparer un contrôle de lecture ou une explication de texte.

▶ L'inciter à lire de manière régulière

Il paraît important de proposer, par ailleurs, **d'autres occasions de lecture, hors contexte scolaire.** Voici quelques idées :

• inscrivez votre enfant dans la bibliothèque-médiathèque la plus proche de chez vous et incitez-le à y emprunter régulièrement des livres (y compris BD et mangas !) ;

• si l'occasion se présente, entrez dans une librairie ou arrêtez-vous au rayon « livres » de votre grande surface et laissez-le choisir librement le sujet qui l'intéresse ou la couverture qui l'attire ;

• si le cas se produit, allez voir ensemble le film adapté d'un roman puis proposez-lui de lire le livre.

Comment l'orthographe est-elle enseignée ?
Comment aider votre enfant à faire des progrès dans ce domaine ?

En classe, l'orthographe peut être abordée de différentes façons, à l'occasion d'activités de lecture et d'expression écrite, ou dans des séances spécifiques d'étude de la langue. De votre côté, soyez vigilant tout en sachant que la maîtrise de l'orthographe prend du temps et que les quatre années de collège sont nécessaires pour acquérir de bons réflexes.

→ L'orthographe en classe

▶ La révision d'une règle d'orthographe

À intervalles réguliers, l'enseignant est amené à consacrer des séances à des **notions d'orthographe** du programme. Le déroulement type est le suivant : la règle est mise en évidence par les élèves eux-mêmes à l'issue d'une phase d'observation. Différents exercices permettent de la réinvestir, dans des contextes de plus en plus complexes.

▶ Dictées et activités d'expression écrite

À travers les dictées – préparées ou non préparées – l'enseignant **évalue les progrès en orthographe** de ses élèves et décèle les points non acquis sur lesquels il devra revenir.
La rédaction permet le **réemploi des apprentissages orthographiques**. En général, les élèves aiment raconter une histoire, imaginer un dialogue, créer un poème mais, dans le feu de l'invention, ils oublient souvent leurs connaissances orthographiques. Le professeur de français leur apprend à revenir sur leurs textes, après la phase de conception, et à corriger les erreurs qu'ils ont laissé passer.

→ Aider son enfant en orthographe

▶ L'inciter à corriger ses fautes

N'hésitez pas à signaler à votre enfant des **fautes d'orthographe laissées dans ses cahiers** ou ses devoirs (pas seulement en français). Quand c'est possible, encouragez-le à les corriger de manière autonome à l'aide d'outils appropriés : dictionnaire, ouvrage de conjugaison, correcteur orthographique.

▶ Refaire des dictées effectuées en classe

Après une dictée faite en classe et qui a posé problème à votre enfant, vous pouvez lui proposer de **refaire la dictée, en partie ou en totalité.** S'il l'écrit sans erreur, votre enfant sortira de l'exercice plus confiant. S'il commet les mêmes erreurs ou d'autres, aidez-le à les analyser et renvoyez-le aux règles qui lui permettront de les corriger.

Comment utiliser le cahier Chouette *Français 6ᵉ* ?

Conçu par des enseignants expérimentés, ce cahier propose un entraînement méthodique permettant à votre enfant de progresser en français. Ses différentes unités correspondent aux connaissances à acquérir en 6ᵉ, notamment dans le domaine de la langue.

→ La structure des unités de révision

Chaque unité de révision – présentée le plus souvent sur une seule page – comprend **un rappel de cours suivi d'exercices d'application.** La leçon a parfois été scindée en deux pour une meilleure progressivité.

→ L'ordre des unités de révision

Le sommaire du cahier suit un ordre thématique, qui ne correspond pas forcément aux besoins de votre enfant. Ne vous obligez donc pas à travailler les unités dans l'ordre, n'hésitez pas à **cibler celles** qui correspondent à des leçons vues en classe ou à des difficultés récurrentes de votre enfant.

PETITE FOIRE AUX QUESTIONS

→ **Mon enfant ne lit pas très bien en entrant en 6ᵉ : est-ce normal ?**

Il est nécessaire de consolider la lecture des enfants qui lisent en déchiffrant laborieusement ou avec des hésitations. Ce n'est pas anormal en 6ᵉ, mais il faut que l'année apporte de réels progrès. Pour ne pas décourager votre enfant et risquer de l'éloigner de la lecture, **alternez lecture silencieuse et lecture à haute voix** (l'une pour la compréhension et le plaisir, l'autre pour la fluidité, en vue de leur association progressive). Ne le contraignez pas à de trop longues lectures. Il vaut mieux répéter souvent l'exercice plutôt que d'imposer de larges plages de lecture. Demandez, quand c'est possible, ce qui a été compris du texte.

→ **Le professeur demande d'utiliser un dictionnaire : lequel choisir ?**

Le dictionnaire est un outil indispensable pour enrichir son vocabulaire. Vous pouvez acheter à votre enfant un petit dictionnaire, de format poche. Incitez-le également à utiliser des **dictionnaires en ligne**. Plusieurs sont réunis sur le site www.lexilogos.com/francais_langue_dictionnaires. Le plus complet est *Le Trésor de la langue française* (http://atilf.atilf.fr), mais le dictionnaire Larousse en ligne (www.larousse.fr) suffit pour la plupart des recherches.

→ **Mon enfant a une écriture peu lisible : dois-je m'en inquiéter ?**

Un travail bien présenté témoigne d'une volonté de bien faire, mais l'inverse ne signifie pas forcément que votre enfant ne s'en soucie pas. Une écriture illisible **peut traduire une difficulté psychomotrice légère et passagère**. Si votre enfant écrit très mal, n'hésitez pas à rencontrer un de ses enseignants pour lui demander conseil. Si le problème semble plus important, il pourra vous inciter à consulter un spécialiste (orthophoniste ou psychomotricien).

Quel que soit le cas de figure, obliger votre enfant à « faire des lignes » n'est pas conseillé ; en revanche, vous pouvez lui demander de refaire un travail, pour qu'il comprenne que la lisibilité est importante. Si le problème est dû à la précipitation, proposez-lui plus de temps ou un morcellement du travail (les enfants nerveux ont tendance à crisper leur main lors de l'écrit).

→ **Mon enfant apprend ses leçons par cœur, mais n'a pas de bonnes notes à ses contrôles. A-t-il un problème de mémoire ?**

Le « par cœur » est très important pour rendre automatiques certains apprentissages (règles, conjugaisons, définitions...). Mais après une récitation « par cœur », prenez le réflexe de lui demander : « Qu'est-ce qu'on peut te demander demain en classe ? » Votre enfant se met alors **en projet d'avoir à répondre à des questions**. Il doit, dans ce qu'il a appris, retrouver le plus significatif (il passe ainsi de la mémorisation à l'analyse puis, déjà, à la synthèse). Souvent, la « mauvaise note » vient de son incapacité à se représenter la demande.

35 Distinguer *a* et *à*, *ou* et *où*, *et* et *est*

1 1. Toulouse ☒ a ❑ à été nommée la ville rose ❑ a ☒ à cause de la couleur des briques qu'on ☒ a ❑ à utilisées pour la construction des maisons.
2. Qui ☒ a ❑ à pensé ❑ a ☒ à apporter de la terre ❑ a ☒ à modeler pour le cours de sculpture de tout ❑ a ☒ à l'heure ?

2 1. J'ignore où Noé veut en venir, mais je vois bien qu'il a encore deux ou trois tours dans son sac et je reste méfiant pour le cas où il chercherait à me duper.
• 2. Fromage ou dessert ? Dans ce restaurant où tout est si bon, je ne me décide pas à prendre l'un ou l'autre.

3 Un jour, elle aperçoit une grosse abeille et l'attrape dans son mouchoir : « J'ai bien envie de lui couper la tête avec mon couteau pour la punir de toutes les piqûres qu'elle s'est amusée à faire. Tant pis pour elle, c'est une vilaine bête ! » C'est à ce moment que sa mère entre. Elle est bouleversée et indignée de la cruauté de Sophie.

EXPLICATION
Et (conjonction de coordination) est un mot invariable, alors que *est* (verbe *être*) varie en fonction du sujet et du temps.

4 Estelle se demande où elle passera ses vacances ? en France ou à l'étranger ? Jean est déjà fixé ; il n'a pas à choisir puisque son père a hérité d'une maison à la campagne, dans le village où il a passé son enfance et son adolescence. Il veut la remettre complètement en état ou du moins commencer à le faire.

EXPLICATION
Où, pronom relatif, introduit une proposition subordonnée relative qui apporte une précision sur le lieu (*le village* où *il a passé son enfance*) ou le temps (par exemple : *c'est l'heure* où *les vaches rentrent à l'étable*).

36 Distinguer *on* et *ont*, *son* et *sont*

1 1. Dans ☒ son ❑ sont champ, l'agriculteur voit que ☒ son ❑ sont blé est déjà haut.
2. Le chat dort dans ☒ son ❑ sont panier, les souris ❑ son ☒ sont tranquilles.
3. Les manches de ☒ son ❑ sont manteau ❑ son ☒ sont tachées, il doit l'apporter chez ☒ son ❑ sont teinturier.
4. Ses amis ❑ son ☒ sont heureux de ☒ son ❑ sont retour en France.
5. Je ne connais pas ☒ son ❑ sont âge, ni celui de ☒ son ❑ sont frère, mais je suis sûre qu'ils ❑ son ☒ sont plus âgés que moi.

EXPLICATION
Son est un déterminant qui introduit un nom singulier (*son champ, son blé...*).
Sont est le verbe *être* conjugué à la 3e personne du pluriel. Tu peux le remplacer par *étaient*.

2 1. On a été surpris de gagner, mais on n'a pas rêvé : ils ont bien remporté le match.
2. On a souvent peur des animaux, mais on dit qu'ils ont encore plus peur que nous.
3. Ils nous ont envoyé un sms pour nous rappeler qu'on avait rendez-vous ce soir.

3 1. On est arrivé en retard à cause d'une panne de métro. • 2. On n'a plus rien à faire, tout est prêt !
3. On ignore qui est invité au mariage de Laure et Fabien. • 4. On aurait aimé que tu viennes au parc d'attractions avec nous. • 5. On a peu de chance de gagner ce pari.

4 1. On a vu quelqu'un. → On n'a vu personne.
2. On y pense parfois. → On n'y pense jamais.
3. On a apporté quelque chose → On a rien apporté.

EXPLICATION
Dans une rédaction ou une dictée, quand tu écris *pas*, vérifie que tu as bien écrit l'autre partie de la négation (*ne*, ou *n'*).

37 Distinguer *ce* et *se*, *ces* et *ses*

① 1. Ce chaton se tenait blotti sous ce carton.
2. C'est aujourd'hui que sa sœur se marie.
3. Félix s'entend assez bien avec ce camarade : c'est une chance !
4. Ce sera toi ou ce sera moi : c'est un choix difficile !

② Le marquis de Carabas fit ☐ se ☒ ce que son chat lui conseillait, sans savoir à quoi cela serait bon. Pendant qu'il ☒ se ☐ ce baignait, le roi vint à passer, et le chat ☒ se ☐ ce mit à crier de toutes ☒ ses ☐ ces forces : « Au secours, au secours, voilà monsieur le marquis de Carabas qui ☒ se ☐ ce noie ! »
À ☐ se ☒ ce cri, le roi mit la tête à la portière, et reconnaissant le chat qui lui avait apporté tant de fois du gibier, il ordonna à ☒ ses ☐ ces gardes qu'on allât vite au secours de monsieur le marquis de Carabas. Pendant qu'on retirait le pauvre marquis de la rivière, le chat s'approcha du carrosse et dit au roi que, dans le temps que son maître ☒ se ☐ ce baignait, il était venu des voleurs qui avaient emporté ☒ ses ☐ ces habits, quoiqu'il eût crié au voleur de toutes ☒ ses ☐ ces forces.

EXPLICATION
• Lorsque tu hésites entre *ces* et *ses*, pose-toi la question : *est-ce que ce sont les siens, les siennes ?* Si la réponse est oui, écris *ses*, sinon écris *ces*.
• *Se*, pronom réfléchi, précède toujours un verbe.

38 Mettre un *s* à *leur* si nécessaire

① Tandis que les frégates surprises dans *leur* (D) sommeil, hachées par nos boulets, pointaient *leurs* (D) pièces sur le nuage de fumée qui stagnait entre elles, se canonnant mutuellement sans s'en apercevoir, le *Walrus* passait en proue des vaisseaux, *leur* (P) déchargeait par le travers une volée des pièces du château-arrière. Nous *leur* (P) avions envoyé dans *leurs* (D) œuvres vives assez de fonte pour les rendre inoffensifs.

EXPLICATION
Le pronom personnel *leur* est généralement placé avant le verbe, comme ici. On le trouve après le verbe quand celui-ci est à l'impératif (*donne-leur*).

② 1. Je réponds à ☒ leur ☐ leurs mail. • 2. ☐ Leur ☒ Leurs amis sont sympathiques. • 3. Il ☒ leur ☐ leurs a dit merci. • 4. Il ☒ leur ☐ leurs a réparé ☒ leur ☐ leurs voiture.

③ Il était une fois un bûcheron et une bûcheronne qui avaient <u>sept</u> enfants, tous garçons : <u>leur</u> aîné n'avait que dix ans, et le plus jeune n'en avait que sept. Si <u>leurs</u> enfants étaient si nombreux, c'est que la femme du bûcheron allait vite en besogne, et n'en avait pas moins de deux à la fois. Ils étaient fort pauvres, et <u>leurs</u> sept enfants <u>leur</u> causaient du souci parce qu'aucun d'eux ne pouvait encore <u>leur</u> apporter de l'aide en gagnant sa vie.

39 Utiliser les accents correctement

① 1. Le *bébé* hurle de *colère*. • 2. Le dompteur fit claquer son *fouet* d'un coup à la fois *sec*, *bref* et *léger*. • 3. Le patient *expose* ses symptômes à son *médecin* : *fièvre*, gorge *sèche*, *nez* qui coule et *paupières gonflées* en fin de *journée*. • 4. Durant son *dernier* safari, il a vu des *éléphants* et des *hyènes près* des points d'eau *asséchés*.

② 1. forêt : forestier
2. intérêt : intéresser
3. fête : festif
4. vêtement : vestimentaire
5. goût : gustatif
6. arrêter : arrestation

EXPLICATION
Dans une même famille, le s a disparu pour certains mots et pas pour d'autres : fête – festif – fêter.

③ 1. coïncidence • 2. faïence • 3. maïs • 4. inouï • 5. capharnaüm • 6. mosaïque • 7. païen • 8. ouïe • 9. canoë

40 Utiliser une apostrophe

1

	le	l	la
architecture		x	
histoire		x	
artichaut		x	
empire		x	
hôtel		x	
hauteur			x
héros	x		
espoir		x	
hockey	x		
insolence		x	
housse			x
hamburger	x		

2 1. Aujourdhui, lophtalmologiste de lhôpital a vérifié ma vue. → Aujourd'hui, l'ophtalmologiste de l'hôpital a vérifié ma vue.

2. Il sen est fallu de peu quil rate son train !
→ Il s'en est fallu de peu qu'il rate son train !

3. Si Sophie ma vue arriver en retard, elle nen a rien dit.
→ Si Sophie m'a vue arriver en retard, elle n'en a rien dit.

4. Il marrive davoir peur daller jusquau bout du couloir lorsquil fait trop noir, mais sil le faut, je domine mon angoisse. → Il m'arrive d'avoir peur d'aller jusqu'au bout du couloir lorsqu'il fait trop noir, mais s'il le faut, je domine mon angoisse.

5. PuisquIrène refuse de laccueillir chez elle, il ira à lhôtel. → Puisqu'Irène refuse de l'accueillir chez elle, il ira à l'hôtel.

EXPLICATION
Aujourd'hui est la contraction de *au jour de hui*, *hui* signifiant « le jour présent ».
La règle de l'élision est également valable devant les noms propres commençant par une voyelle : *puisqu'Irène*.

41 Mettre des majuscules

1 C'est en cherchant à se rendre aux Indes par le plus court chemin possible que Christophe Colomb découvrit un nouveau continent : l'Amérique. De ce fait, il appela les habitants des îles où il accosta : les Indiens. Il prit possession de ces nouvelles terres au nom du roi d'Espagne et baptisa tout naturellement l'île principale du nom d'« Hispaniola » qui signifie « Petite Espagne ». Cette partie occidentale de l'île s'appelle aujourd'hui Haïti.

EXPLICATION
Indiens est ici le nom du peuple indien, il faut une majuscule.
Petite, dans « Petite Espagne » prend une majuscule car il s'agit de la traduction du nom propre Hispanolia.

2 (**M** / m)onsieur le (**M** / m)aire,
(**J'** / j')ai lu dans le magazine (**B** / b)*ien vivre au quotidien* que vous souhaitiez développer les cours de langues : « (**I** / i)l est important que chacun puisse découvrir une langue étrangère, l'(A / **a**)nglais ou le (R / **r**)usse, par exemple. » (**L** / l)es (**R** / r)usses de mon quartier et moi-même sommes ravis de cette initiative. (**J** / j)e tiens à me proposer pour animer différents ateliers : cuisine russe, chant traditionnel... ; l'idée de conférences sur des auteurs tels que (**G** / g)ogol ou (**T** / t)olstoï peut également être envisagée.
(**V** / v)euillez agréer, (**M** / m)onsieur le (**M** / m)aire, mes respectueuses salutations.

EXPLICATION
Peuples et langue sont souvent désignés par le même mot, comme ici *Russes* et *russe* : la majuscule est réservée au nom du peuple.
Le sens du texte nous informe sur la fonction des mots en italique et entre guillemets : un titre de magazine d'une part, et une citation d'autre part. Dans les deux cas, la majuscule est nécessaire.

42 Chercher un mot dans le dictionnaire

1 5. pantalon – 1. baignoire – 3. hyppodrome – 6. vexer – 4. maison – 2. garage – 6. rire.

2 1. Que signifie l'abréviation « n. m. » ?
Nom masculin.

2. Que signifie l'abréviation « hom. » ? Homonyme.

3. Combien le mot « tâche » a-t-il de sens ? Deux.

4. Souligne l'exemple qui illustre le deuxième sens du mot. La tâche des parents

3 1. À quelle classe grammaticale appartient le mot *drap* ?
❏ adjectif ☒ nom ❏ verbe

2. Quel est le genre du mot *anagramme* ?
❏ masculin ☒ féminin

3. Quelle est l'étymologie du mot *perspicace* ?
❏ perspicas ☒ perspicax

4. Quel est le contraire du mot *inusité* ?
❏ nuisible ☒ habituel ❏ utile

5. À quel mot familier peut-on associer le mot *soldat* ? ❏ militaire ☒ bidasse

6. Quel est le sens figuré du mot *lumière* ?
❏ ce qui éclaire les choses ☒ ce qui éclaire l'esprit

EXPLICATION
Le sens figuré est un sens imagé du mot, en général plus abstrait que le sens propre.

43 Distinguer sens propre et sens figuré

1 1. La chorégraphie des deux patineurs était merveilleuse ! remarquable

2. Les bottes de sept lieues sont dotées de pouvoirs merveilleux. magique

3. Le soleil qui se reflète sur la mer crée de merveilleuses harmonies. beau

EXPLICATION
Le mot *merveilleux* désigne également un genre littéraire : les contes de fées, par exemple, appartiennent au genre merveilleux.

2

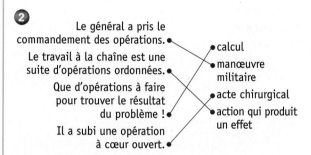

Le général a pris le commandement des opérations. • → • calcul

Le travail à la chaîne est une suite d'opérations ordonnées. • → • manœuvre militaire

Que d'opérations à faire pour trouver le résultat du problème ! • → • acte chirurgical

Il a subi une opération à cœur ouvert. • → • action qui produit un effet

3 1. Ce plat manque de *sel* (P).
– Cette histoire manque de *sel* (F).

2. Le vent *mugit* (F) dans les arbres.
– La vache *mugit* (P) pour appeler son petit.

3. Il *brûle* (F) de partir.
– Je me *brûle* (P) la main en cuisinant.

4. La moutarde me *monte* (F) au nez.
– Elle *monte* (P) au premier étage.

5. Il ne faut pas laisser *bouillir* (P) le café.
– Si cela continue, je vais *bouillir* (F) de rage.

6. Il *sème* (F) la zizanie dans le groupe.
– L'horticultrice *sème* (P) les graines de chaque fleur à différentes périodes.

7. Il a parfois des *éclairs* (F) de génie.
– Les *éclairs* (P) zèbrent le ciel.

8. Ouvre les volets, cette pièce est trop *sombre* (P).
– Elle est de *sombre* (F) humeur.

EXPLICATION
Le sens figuré détourne le sens premier du mot en retenant une de ses caractéristiques : le sens figuré de *semer*, par exemple, retient l'idée de dispersion qui est contenue dans le sens propre.

44 Trouver un synonyme

1. 1. achat – emplette 3. lâche – poltron
2. abattre – détruire 4. détresse – misère

EXPLICATION
Tu peux constater que les mots d'une même paire appartiennent à la même classe grammaticale.

2. 1. vitesse → rapidité 4. calmer → tranquilliser
2. craindre → redouter 5. agaçant → énervant
3. incorrect → faux 6. célèbre → illustre

3. 1. *Hurler* et *crier* sont synonymes, mais *hurler* a un sens plus fort que *crier*. ☒ Vrai ❏ Faux
2. *Se gausser* et *se moquer* sont synonymes, mais *se gausser* appartient à un langage plus soutenu que *se moquer*. ☒ Vrai ❏ Faux
3. *Audace* et *culot* sont synonymes, mais *audace* appartient à un langage plus familier que *culot*. ❏ Vrai ☒ Faux

EXPLICATION
Quand on parle ou quand on écrit un texte, le choix entre les synonymes n'est pas indifférent ; les synonymes peuvent appartenir à des niveaux de langage différents et présenter des nuances d'intensité : il faut choisir celui qui est le plus approprié.

4. 1. la *cassette* de Pandore → la boîte de Pandore.
2. le *fût* des Danaïdes → le tonneau des Danaïdes.
3. le *châtiment* de Tantale → le supplice de Tantale.
4. le *fleuret* de Damoclès → l'épée de Damoclès.

EXPLICATION
Ces expressions tirées de la mythologie sont utilisées dans le langage courant pour caractériser certaines situations : on dit par exemple que l'on subit le *supplice de Tantale* quand on est proche de quelque chose que l'on désire sans jamais parvenir à l'obtenir.

45 Trouver un antonyme

1. 1. défaite → victoire 5. avancer → reculer
2. épais → fin 6. réussir → échouer
3. bruyant → silencieux 7. accélérer → ralentir
4. occident → orient 8. attrister → réjouir

2. 1. C'est un sol imperméable. • 2. Ce que tu fais est illégal. • 3. Les soldats sont désarmés. • 4. Les traits de son visage sont irréguliers. • 5. L'artisan est insatisfait du travail de son apprenti. • 6. Cet enfant est impatient. • 7. La situation est débloquée.

EXPLICATION
Le préfixe *dés-* a le même sens négatif que *dé-* mais s'emploie devant une voyelle (*désarmer*).

3. 1. sale → propre, impeccable, net.
2. taché → immaculé, impeccable, propre.
3. malpropres → propres, soignés.

EXPLICATION
Propre et *malpropre* sont des antonymes par ajout du préfixe d'opposition *mal-*, mais *propre* est également le contraire de *sale* et de *taché* : il pouvait convenir à chaque fois.

4. 1. Élise veut une boisson *fraîche*.
→ Élise veut une boisson chaude.
2. Le matin, je mange du pain *frais*.
→ Le matin, je mange du pain rassis.
3. Cette viande est *fraîche*. → Cette viande est avariée.

EXPLICATION
L'adjectif *avarié* est utilisé essentiellement pour qualifier des aliments.

46 Distinguer des homophones

1. **1.** un essai → il essaie **4.** un tort → il tord
2. l'air → il erre **5.** le temps → il tend
3. une souris → il sourit **6.** un sort → il sort

EXPLICATION

Les mots homonymes peuvent appartenir à des classes grammaticales différentes.

2.

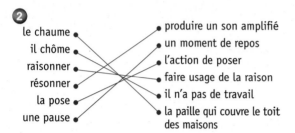

le chaume — la paille qui couvre le toit des maisons
il chôme — il n'a pas de travail
raisonner — faire usage de la raison
résonner — produire un son amplifié
la pose — l'action de poser
une pause — un moment de repos

3. **1.** Roxane a bien bronzé pendant ses vacances, elle a un joli ☐ thym ☒ teint ☐ tain.
2. La cuisinière a mis un bouquet de ☒ thym ☐ teint ☐ tain dans le ragoût.
3. Derrière les glaces, on applique un alliage métallique appelé ☐ thym ☐ teint ☒ tain.
4. Ma mère a engagé une jeune fille au ☐ père ☐ paire ☐ pers ☒ pair pour garder mon frère.
5. Mon voisin est ☒ père ☐ paire ☐ pers ☐ pair de deux enfants.
6. Athéna est la déesse aux yeux ☐ père ☐ paire ☒ pers ☐ pair.
7. Ils forment une sacrée ☐ père ☒ paire ☐ pers ☐ pair d'amis.

EXPLICATION

Le mot *tain* vient de « étain », métal entrant dans la composition de cet alliage.
Une personne *au pair* travaille dans une famille en échange d'un logement et de la fourniture de ses repas.

4. Ils se balancent comme des cloches, lorsqu'on est dans les champs et que le vent apporte leur voix et l'éloigne tour à tour.

47 Utiliser des préfixes

Définition	Nom	Préfixe
Personne qui fait équipe avec d'autres.	coéquipier	co-
Enchère au-dessus d'une autre.	surenchère	sur-
Personne qui parle deux langues.	bilingue	bi-
Objet qui empêche le vol.	antivol	anti-
Action de faire une seconde lecture.	relecture	re-
Quelque chose qui n'a pas été prévu.	imprévu	im-
Objet utilisé pour se protéger de la pluie.	parapluie	para-

EXPLICATION

Le préfixe *im-* a le même sens que le préfixe *in-* (*à* ou *vers l'intérieur, dans, en*) ; il s'emploie devant les lettres *m*, *b* ou *p*.

2.

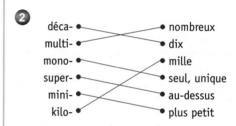

déca- — dix
multi- — nombreux
mono- — seul, unique
super- — au-dessus
mini- — plus petit
kilo- — mille

EXPLICATION

Tous ces préfixes expriment une quantité ou une mesure.

3. **1.** *in-* a le sens de « dans » dans les mots :
influence – infiltration – incorporer – incarcérer – infusion.
2. *in-* a un sens négatif dans les mots :
infatigable – incessant – infini.

EXPLICATION

Parfois, il faut revenir à l'étymologie pour comprendre le préfixe. Par exemple, *influence* vient de *in + fluere* (verbe latin) et signifie « couler dans ».

48 Utiliser des suffixes

1. 1. dent → dentiste **5.** chauffage → chauffagiste
2. dessin → dessinateur **6.** papier → papetier
3. poisson → poissonnier **7.** chirurgie → chirurgien
4. chœur → choriste **8.** danse → danseur

2. 1. statue → statuette **4.** nappe → napperon
2. rue → ruelle **5.** table → tablette
3. brin → brindille **6.** botte → bottine

EXPLICATION
Le suffixe -ette est utilisé pour former de nombreux mots : *murette, maisonnette...*, mais aussi des prénoms (*Juliette*).

3. 1. otite : inflammation de l'oreille
2. gingivite : inflammation des gencives
3. hépatite : inflammation du foie
4. bronchite : inflammation des bronches

EXPLICATION
Le radical *ot(o)-* vient du grec *ôtos* (oreille), *gingiv-* du latin *gingivas* (gencive), *hépat-* du grec *hêpar* (foie).

4. 1. Forme un nom à partir d'un adjectif :
fier → fierté
beau → beauté
difficile → difficulté
2. Forme un adjectif à partir d'un nom :
exemple → exemplaire
dépense → dépensier
enfant → enfantin
3. Forme un nom à partir d'un verbe :
atterrir → atterrissage
livrer → livraison
évoluer → évolution
croître → croissance
inscrire → inscription
paraître → parution
4. Forme un adverbe à partir d'un adjectif :
fou → follement
évident → évidemment
abondant → abondamment

EXPLICATION
Les adjectifs en -*ent* ont leur adverbe en -*emment* ; les adjectifs en -*ant* ont leur adverbe en -*amment* ; mais ils se prononcent tous -*amment*.

49 Choisir le bon niveau de langue

1. ☐ soutenu ☐ courant ☒ familier

2. 1. C'est pas pour rire ! → Ce n'est pas pour rire !
2. Ce sont des artistes, ces mecs.
→ Ces mecs sont des artistes.
3. Je rigole doucement en plus parce que Franck, il est pas jouasse du tout. → En plus, je rigole doucement parce que Franck n'est pas jouasse du tout.

EXPLICATION
Phrase 1 : une syntaxe correcte exige l'adverbe de négation *ne*.
Phrase 3 : la juxtaposition *en plus parce que* n'est pas correcte : il fallait soit ajouter des virgules, soit déplacer *en plus*.

3. On peut relever cinq mots familiers. **1.** shoote → tire • **2.** impec → impeccablement • **3.** mecs → hommes • **4.** rigole → ris • **5.** jouasse → content

4. 1. gars → F • 2. type → F • 3. homme → C • 4. individu → S • 5. personne → C • 6. bonhomme → F • 7. bougre → F

EXPLICATION
On peut aussi considérer que le mot *individu* appartient au langage courant.

5.
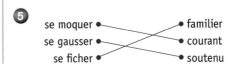

EXPLICATION
D'autres expressions expriment cette même idée (*railler, rire de, charrier*) : il faut choisir celle qui convient, en fonction du niveau de langue du texte.

6. Voici une proposition de réécriture.
Cruift court le long de la ligne de touche, feinte un adversaire, puis tire sur l'avant-centre qui contrôle impeccablement de la tête. Celui-ci reprend du pied gauche et marque. Un à zéro après sept minutes de jeu ! Je ne plaisante pas. Ces joueurs sont excellents. Franck me fait rire car il n'est vraiment pas content.

EXPLICATION
Vérifie que tu as utilisé une syntaxe correcte (tu peux t'aider de l'exercice 2) et que tu as employé tous les mots de la liste.

7

Langage familier	Langage courant	Langage soutenu
piquer	voler	dérober
fringues	vêtements	habits
bagnole	voiture	automobile
bouffer	manger	se restaurer

50 Utiliser le temps du passé qui convient

1 Lorsque le prince s'approcha de la haie d'épines, il vit de magnifiques fleurs qui s'écartaient d'elles-mêmes sur son passage et lui laissaient le chemin. Derrière lui, elles reformaient une haie. Dans le château, il vit les chevaux et les chiens de chasse qui dormaient. Sur le toit, les pigeons se tenaient la tête sous l'aile. Et, lorsqu'il pénétra dans le palais, il vit les mouches qui dormaient contre le mur. En haut, sur les marches du trône, le roi et la reine étaient endormis. Le prince poursuivit son chemin, et le silence était si profond qu'il entendait son propre souffle. Enfin, il arriva à la tour et poussa la porte de la petite chambre où dormait la belle.

2 Je ❑ marchai ⊠ marchais depuis près d'une demi-heure dans la campagne, lorsque ⊠ j'aperçus ❑ j'apercevais, au détour du chemin, une bâtisse isolée. Un calme étrange ❑ se dégagea ⊠ se dégageait de l'endroit. Une envie irrésistible de jouer les Sherlock Holmes me ⊠ saisit ❑ saisissait. Je ⊠ m'approchai ❑ m'approchais de la maison, ⊠ traversai ❑ traversais rapidement le jardin et ⊠ m'adossai ❑ m'adossais contre un mur, tout près d'une fenêtre. Le cœur battant, je ⊠ scrutai ❑ scrutais quelques secondes à l'intérieur. Derrière le voile blanc des rideaux, je ⊠ découvris ❑ découvrais un spectacle effrayant : au centre de la pièce, le corps d'un chat ❑ baigna ⊠ baignait dans une mare de sang.

EXPLICATION
Observe que les verbes au passé simple expriment une action complètement achevée.

3 **a.** s'approcha – pénétra – poursuivit – arriva – poussa.
b. Ces verbes sont au passé simple.

EXPLICATION
Le verbe vit peut également être cité, même s'il ne désigne pas une action, à proprement parler.

4 **a.** les chevaux et les chiens de chasse qui dormaient – les pigeons se tenaient la tête sous l'aile – les mouches qui dormaient – le roi et la reine étaient endormis – dormait la belle.
b. Ces verbes sont à l'imparfait.

5 *Voici une fin possible.* Lorsqu'il la vit, étendue sur son lit, il se pencha vers elle et lui donna un baiser. À cet instant, espérait-il quelque chose ? Mais la Belle au bois dormant ne s'éveilla pas. Nul frémissement sur son visage, nul craquement dans la chambre, nul murmure du vent par la fenêtre. Le silence demeurait absolu.
Presque surpris, il sentit la déception l'envahir. Au bout d'un moment, s'écartant du lit, il fit distraitement quelques pas dans la vaste chambre encore éclairée par le soleil. Des questions sans réponse tournaient dans sa tête : pourquoi la haie d'épines qui cerne le château l'avait-elle laissé entrer ? Comment rompre ce sortilège ?
Toujours songeur, il vint s'asseoir sur le bord du lit, la tête au-dessus du beau visage de la princesse. Perdu dans sa contemplation, il comprit soudain qu'il ne pourrait plus vivre sans elle. Sur ses joues commencèrent à couler des larmes et l'une d'elle vint s'écraser sur les lèvres rouges de sa bien-aimée. Alors celle-ci s'éveilla, ouvrit les yeux et le regarda en souriant.

EXPLICATION
Il y a bien sûr d'autres fins possibles. En te relisant, vérifie que ton récit s'enchaîne bien et que tu as bien distingué les actions de premier plan au passé simple (*pencha, donna, s'éveilla...*) et les actions d'arrière-plan à l'imparfait (*demeurait, tournaient...*).

51 Écrire un récit

1 **1.** Les événements racontés se déroulent à la campagne comme le suggère le champ lexical utilisé : *talus, pâquerettes, champs, terrier, haie.*
2. Les personnages évoqués sont Alice, sa sœur et le lapin.
3. On devine qu'Alice est l'héroïne car ses pensées et ses réactions sont au cœur de l'extrait.

2 **1.** Deux petites filles, Alice et sa sœur, sont assises en bordure d'un champ : l'une lit pendant que l'autre s'ennuie.
2. L'élément perturbateur est un lapin blanc aux yeux roses qui passe près d'Alice en courant. Cela va éveiller en elle une grande curiosité.

3 Elle regrettait d'avoir suivi le lapin : il faisait chaud dans ce puits et elle avait très soif. Soudain, son pied heurta un petit flacon qu'elle n'avait pas vu. Était-il vide ? Non ! Elle allait pouvoir boire ! Oui, mais si c'était du poison ? Que faire ? Elle amena le flacon au niveau de son nez : cela ne sentait rien. Elle décida juste de tremper ses lèvres. Le goût était délicieux et lui rappelait la crème à la vanille. Alors elle but jusqu'à la dernière goutte. Maintenant elle n'avait plus soif, mais une drôle de sensation la gagnait. Le petit flacon grandissait ! Non ! C'était elle qui changeait de taille : elle ne mesurait plus que vingt centimètres !...

EXPLICATION
Il faut commencer par définir les grandes lignes de l'action : le puits est chaud – Alice a soif – trouve un flacon – poison ? – bon goût – elle boit tout – sensation – Alice rapetisse.

4 *Voici une fin possible.*
Alice commençait à s'habituer à toutes ces choses étranges qui lui arrivaient. Puis vint ce goûter avec un loir dans une théière, où elle croqua dans une tarte aux cerises. Tout lui semblait normal ! « C'est exactement comme à la maison » se dit-elle.
L'instant d'après, elle se retrouvait dans le champ où sa sœur, toujours sur le talus, lisait son livre sans images ni dialogues. Tournant la tête, elle vit le lapin blanc aux yeux roses lui faire un petit signe de la patte, avant de disparaître dans le terrier.

52 Étudier une image

1 Auteur : Pieter Brueghel ; titre : La Tour de Babel.

EXPLICATION
La légende d'une image, qui indique le nom de l'auteur et le titre, se trouve à proximité de l'œuvre : au-dessus, au-dessous ou sur le côté.

2 1. Cette œuvre est ❑ une sculpture
❑ une photographie ☒ une peinture.

2. Elle date du ❑ xvᵉ siècle ☒ xviᵉ siècle ❑ xviiᵉ siècle.
3. L'artiste a illustré ☒ un mythe ❑ une histoire vraie ❑ un conte.
4. L'œuvre représente ❑ une ville en ruine ☒ un édifice en construction ❑ une cathédrale.

EXPLICATION
On peut s'interroger sur l'état du haut de la tour : est-ce une construction ? une destruction ? Ce sont les personnages du premier plan, des artisans qui travaillent la pierre, qui permettent de comprendre la scène.

3 Le cadrage choisi par l'artiste :
❑ un gros plan ❑ un plan d'ensemble
☒ un plan moyen

EXPLICATION
Le tableau n'est pas un plan d'ensemble mais un plan moyen car l'élément principal, la tour, occupe quasiment tout le cadre.

4 1. bleu ; vert ; <u>jaune</u>.
2. La tour. Les couleurs chaudes attirent le regard, ainsi ce que nous voyons en premier c'est la tour, l'élément principal du tableau.
3. ❑ une visée horizontale ❑ une plongée
☒ une contre-plongée
4. Il a voulu peindre ce que Dieu voyait : les hommes sur Terre en train de construire la tour.

EXPLICATION
En choisissant cet angle de vue, l'artiste nous met, nous aussi, à la place de Dieu : lorsque nous regardons le tableau, nous sommes « en hauteur » et nous voyons ce que font les hommes.
Il ne faut pas confondre le premier plan (ce qui est le plus « en avant ») et l'élément principal (la tour).

5 *Voici une impression possible.*
Cette tour ressemble à une ville inachevée. Bizarrement, je pense au temple Jedi que j'ai vu la semaine dernière dans un épisode de *La Guerre des étoiles*. Mon regard se perd dans cet étrange réseau de galeries voûtées qui ne mènent à rien : ce labyrinthe invite à la méditation...

Notes

Notes

Bescherelle

La référence au collège

Bescherelle 6ᵉ 5ᵉ 4ᵉ 3ᵉ
MON MAXI CAHIER collège
Anglais
A1 → B1

- Les points clés de grammaire
- Le vocabulaire à retenir
- 500 exercices corrigés
- Un entraînement à l'oral

Nouveauté !

Bescherelle collège
Anglais
A1 → B1
NOUVEAU PROGRAMME

- Grammaire
- Vocabulaire
- Conjugaison
- Prononciation
- 200 exercices corrigés

Bescherelle collège
Espagnol
A1 → A2
NOUVEAU PROGRAMME

- Grammaire
- Vocabulaire
- Conjugaison
- Prononciation
- 200 exercices corrigés

Nouveauté !

Bescherelle
Collège
Nouveaux programmes de Français

- Grammaire
- Orthographe
- Conjugaison
- Vocabulaire
- Littérature et image

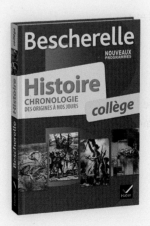

Bescherelle
NOUVEAUX PROGRAMMES
Histoire
CHRONOLOGIE
DES ORIGINES À NOS JOURS
collège

www.bescherelle.com
Des compléments pour s'entraîner !

28 Former le pluriel d'un adjectif

Comment forme-t-on le pluriel d'un adjectif ?

▶ En général, on forme le pluriel d'un adjectif **en ajoutant un** *s*.

▶ Il y a quelques exceptions à cette règle.

Adjectifs en	Pluriel en	Exemples	Exceptions
-eau	-eaux	*beaux* *nouveaux*	
-al	-aux	*loyaux* *infernaux*	*banal(s) – bancal(s) – natal(s)* *fatal(s) – naval(s)...*
-s, -x et -z	ne changent pas	*silencieux*	

★ 1 Souligne les adjectifs au pluriel.

Les nouveaux smartphones ont des écrans incurvés qui sont très lumineux.

SCORE . . . . / 3

★★ 2 Écris les groupes nominaux au pluriel.

1. un conseiller municipal → des . . . .

2. un bisou baveux   → des . . . .

3. un pneu lisse   → des . . . .

4. un bel homme   → de . . . .

5. un pou sauteur   → des . . . .

6. un frère jumeau   → des . . . .

SCORE . . . . / 6

★★ 3 Trouve un adjectif qualificatif synonyme du mot en couleur.
Donne sa forme au masculin singulier, puis au masculin pluriel.

1. Cet acteur est très connu. → c. . . . . → . . . .

2. Il est violent avec les autres. → b. . . . . → . . . .

3. Ce repas était vraiment succulent. → d. . . . . → . . . .

4. Ce manteau neuf est élégant. → n. . . . . → . . . .

5. Son visage est assez commun. → b. . . . . → . . . .

SCORE . . . . / 10

★★ 4 Barre l'intrus dans chaque liste.

1. amical – natal – musical

2. bancal – fatal – hivernal

3. beau – ramolli – fondu

4. vert – marron – jaune

SCORE . . . . / 4

 INFO

Deux mots
sont synonymes
lorsqu'ils ont à peu
près le même sens.

COUP DE POUCE

L'intrus a un pluriel
différent des deux
autres mots.

Corrigés p. 12

TOTAL . . . . / 23

ORTHOGRAPHE

29 Former le féminin d'un nom animé

Moi je suis un cochon.

Et moi une truie !
Ça se voit, non ?

Comment former le féminin d'un nom animé ?

▶ En général, on forme le féminin d'un nom animé (nom de personne ou d'animal) en ajoutant un *e* au nom masculin : *un rat, une rate*.

▶ Ajouter un *e* entraîne parfois le **doublement de la consonne** finale :
un chien, une chienne – un paysan, une paysanne – un métis, une métisse.

▶ Certains noms ont une **forme identique** au masculin et au féminin :
un élève, une élève...

▶ D'autres ont des **formes très différentes** au masculin et au féminin :
le cochon, la truie – le sanglier, la laie – le mari, la femme...

★ 1 **Écris le féminin de chaque nom masculin.**

1. un concurrent : une ....

2. un époux : une ....

3. un ami : une ....

4. un chat : une ....

SCORE .... / 4

> **COUP DE POUCE**
>
> Parfois la marque du féminin ne s'entend pas à l'oral : n'oublie pas le e muet.

★ 2 **Relie le masculin à son féminin.**

un cerf •   • une déesse
un dieu •   • une biche
un empereur •   • une oie
un jar •   • une impératrice

SCORE .... / 4

Y a-t-il des exceptions ?

▶ Oui, voici quelques exemples :

Noms en	Féminin en	Exemples
-er	-ère	*un infirmier, une infirmière*
-eur	-euse	*un danseur, une danseuse*
-teur	-teuse -trice	*un chanteur, une chanteuse* *un spectateur, une spectatrice*
-p et -f	-ve	*un loup, une louve un veuf, une veuve*

★★ 3 **Barre l'intrus dans chaque liste.**

1. élève – vétérinaire – maître – artiste – journaliste
2. éditeur – vendeur – voleur – joueur – chanteur
3. parisien – lion – chat – lapin – technicien
4. boucher – meunier – écolier – employé – cuisinier

> **COUP DE POUCE**
>
> Pour trouver l'intrus, mets les mots au féminin.
>
> Corrigés p. 12

SCORE .... / 4   TOTAL .... / 12

34

ORTHOGRAPHE

30 Former le féminin d'un adjectif

Comment former le féminin d'un adjectif ?

▶ En général, on forme le féminin d'un adjectif en ajoutant un *e* à l'adjectif au masculin.

▶ Ajouter un *e* entraîne parfois un **doublement de la consonne** finale :
*bas, ba**ss**e – pareil, parei**ll**e – universel, universe**ll**e – bon, bo**nn**e – ancien, ancie**nn**e...*

▶ Certains adjectifs ont exactement la **même forme** au masculin et au féminin :
brave, agréable...

 1 Souligne les adjectifs qualificatifs féminins.

Il était une fois une fille, jolie comme un cœur mais fainéante et désordonnée.
Lorsqu'elle se mettait parfois à filer et tombait sur un petit nœud dans la laine, elle
arrachait aussitôt toute la touffe et la jetait à terre. Sa servante était une fille travailleuse
et ramassait cette laine, la dénouait patiemment et la filait finement pour en tisser
une étoffe et en faire une jolie robe.

Les frères Grimm, « Les Petits Nœuds », Contes, 1812.

SCORE . . . . / 7

COUP DE POUCE
Tu dois souligner
cinq adjectifs.

 2 Donne le masculin des adjectifs que tu as soulignés dans le texte de l'exercice 1.

. . . .

SCORE . . . . / 7

COUP DE POUCE
Deux adjectifs ont la
même terminaison.

Y a-t-il des exceptions ?

▶ Oui, voici quelques règles et exceptions à retenir :

Adjectifs en	Féminin en	Exemples	Exceptions
-et	-ette	*coquette*	*secrète – complète – discrète...*
-ot	-otte	*sotte*	*idiote – dévote...*
-eur	-euse	*rêveuse*	*vengeresse – novatrice...*
-er	-ère	*première*	
-f	-ve	*neuve*	
-x	-se	*ambitieuse*	*douce – fausse – rousse*

 3 Cherche un adjectif qualificatif de la même famille que le mot proposé.
Écris-le au masculin, puis au féminin.

1. la beauté → masculin : . . . . → féminin : . . . .

2. vieillir → masculin : . . . . → féminin : . . . .

3. la cruauté → masculin : . . . . → féminin : . . . .

SCORE . . . . / 6

ATTENTION 👀
Certains adjectifs
ont des formes
très différentes
au masculin
et au féminin.

 4 Accorde les adjectifs qualificatifs entre parenthèses.

1. une voix (aigu) . . . . • **2.** une déclaration (public) . . . .

• **3.** une figue (sec) . . . . • **4.** une amande (amer)

SCORE . . . . / 4

Corrigés p. 13

TOTAL . . . . / 24

35

31 Accorder un adjectif

Quelles sont les règles d'accord pour les adjectifs ?

▶ Quelle que soit sa fonction dans la phrase, l'adjectif qualificatif s'accorde **en genre et en nombre avec le nom** ou le pronom auquel il se rapporte.

> *Marie était **ravie** d'être allée voir ce spectacle : les artistes étaient très **doués** et la mise en scène **audacieuse**.*
> (*Ravie* s'accorde avec *Marie* ; *doués* avec *artistes* ; *audacieuse* avec *mise en scène*.)

▶ L'adjectif se met au pluriel lorsqu'il se rapporte à **plusieurs noms** ;
il se met au masculin pluriel lorsque les noms sont de genres différents.

> *Jules portait une chemise et une veste **blanches***
> *et, pour trancher, des chaussures et un pantalon **noirs**.*

★ 1 **Accorde correctement les adjectifs entre parenthèses pour retrouver le texte original.**

Mais la (dernier) .... vitrine surtout les retint. Une exposition de soies, de

satins et de velours y épanouissait, dans une gamme (souple) .... et (vibrant)

....................., les tons les plus (délicat) .... des fleurs : au sommet,

les velours, d'un noir (profond) ...., d'un blanc de lait (caillé) .... ;

plus bas, les satins, les roses, les bleus, aux cassures (vif) ...., se décolorant

en pâleurs d'une tendresse (infini) ....

Émile Zola, Au Bonheur des Dames, 1883.

SCORE .... / 8

> **ATTENTION** 👀
> Avant d'accorder l'adjectif, souligne le nom auquel il se rapporte et détermine son genre et son nombre.

★★ 2 **Complète les phrases à l'aide des adjectifs suivants :** neuf – neuve – neufs – neuves.

1. La voiture .... de mes parents est déjà en panne.

2. Alors Maxime, quoi de .... ?

3. Il a des chaussures .... mais il préfère mettre les vieilles, plus confortables.

4. As-tu pensé à repasser ta chemise et ton pantalon .... ?

5. Est-ce que cette scie électrique et cette perceuse sont .... ?

SCORE .... / 5

> **COUP DE POUCE**
> À deux reprises, l'adjectif s'accorde avec deux noms coordonnés.

★★ 3 **Entoure la bonne orthographe des adjectifs entre parenthèses.**

1. des bonnets de laine (bleue – bleus)

2. un coupon de toile (écrue – écru)

3. des pantalons de toile (déchirée – déchirés)

4. de la confiture de fraises (sucrées – sucrée)

5. des éclats de verre (brisés – brisé)

6. un tas de feuilles (mort – mortes)

> **COUP DE POUCE**
> Demande-toi quel nom qualifie l'adjectif.

Corrigés p. 13

SCORE .... / 6

TOTAL .... / 19

ORTHOGRAPHE

32 Accorder le verbe avec son sujet

Comment trouve-t-on le sujet d'un verbe ?

▶ Le verbe s'accorde **avec le sujet** que l'on trouve en posant la question : *qui est-ce qui ?* ou *qu'est-ce qui ?* suivie du verbe.

▶ Le sujet peut être un **nom**, un **groupe nominal** ou un **pronom**.

★ **1** Souligne les sujets des verbes en couleur.

De retour chez lui après des années de guerre et d'errance, Ulysse est reconnu par sa nourrice Euryclée, devenue aveugle.

« Bien des hôtes malheureux sont venus ici, mais je n'en ai pas encore vu qui ressemble autant que toi à Ulysse, pour l'allure, la voix, les pieds. » [...] Or, la vieille, tâtant du plat de la main, reconnut la cicatrice d'Ulysse au palper. [...] La joie et la souffrance s'emparèrent de son esprit ; ses yeux se remplirent de larmes.

Homère, L'Odyssée, trad. M. Woronoff © Casterman. Avec l'aimable autorisation des Éditions Casterman.

SCORE . . . . / 6

> **COUP DE POUCE**
> L'un des sujets est un pronom.

Comment faut-il accorder le verbe ?

▶ Mets le verbe au **singulier** quand :
   – le sujet est au singulier ; *Dans les arbres chante l'oiseau.*
   – la forme est impersonnelle ; *Il tombait de larges gouttes.*
   – le sujet est *on, chacun, aucun, personne, rien* ; *On ignore tout.*

▶ Mets le verbe au **pluriel** quand :
   – le sujet est au pluriel ; *Les passants le regardaient.*
   – il y a plusieurs sujets ; *Vouloir et pouvoir sont deux choses différentes.*
   – le sujet est *beaucoup, trop, peu (de)* ; *Beaucoup comptent sur lui.*

★ **2** Relie chaque sujet au groupe verbal qui convient.

Plusieurs de mes amis •

Jean, mon frère, •

On •   • aime chanter.

Jules et sa sœur •

Tout le monde •   • aiment chanter.

Beaucoup •

Toute la famille •

SCORE . . . . / 7

★★ **3** Complète chaque phrase avec le sujet qui convient :

ouvrir et fermer – tu – les touristes – Marie – la plupart des gens.

1. Penses- . . . . pouvoir venir au cinéma demain ? • 2. . . . . les attend pour dîner.

• 3. . . . . préfèrent manger chaud à midi.

• 4. . . . . sont des verbes de sens contraire. • 5. La tour Eiffel

est un monument qu'adorent . . . .

SCORE . . . . / 5

> **COUP DE POUCE**
> Il y a deux sujets inversés.

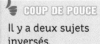

Corrigés p. 13

TOTAL . . . . / 18

33 Distinguer un participe passé en -é d'un infinitif en *-er*

Pourquoi confond-on le participe passé en *-é* et l'infinitif en *-er* ?

▶ Le participe passé et l'infinitif des **verbes du 1ᵉʳ groupe** se terminent par le **même son** **[e]** (« é »), alors que leur usage est différent.

Théo est <u>arrivé</u> en retard. – Marthe risque d'<u>arriver</u> plus tard.
    p.p.   infinitif

★ **1** **Réécris les phrases en remplaçant les verbes en couleur par des verbes de sens contraire.**

1. Cette maison est à vendre. → ....

2. Jeanne a perdu ses boucles d'oreille. → ....

3. Il faut ouvrir la porte de ta chambre. → ....

4. Je fais refroidir la tarte aux pommes. → ....

SCORE .... / 4

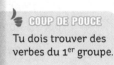
COUP DE POUCE
Tu dois trouver des verbes du 1ᵉʳ groupe.

Comment les distinguer ?

▶ L'**infinitif** se trouve en général soit **après une préposition**, soit **après un verbe conjugué**, ce qui n'arrive jamais avec un participe passé.

▶ Quand tu hésites entre l'infinitif et le participe passé, remplace la forme verbale par un **verbe du 3ᵉ groupe**, par exemple *prendre* : si tu entends *pris*, c'est un participe passé (écris -é) ; si tu entends *prendre*, c'est un infinitif (écris -er).

*Il veut gagn**er*** (prendre) *la course.* → infinitif   *L'oiseau fut foudroy**é*** (pris). → participe passé

★ **2** **Entoure le verbe en italique par lequel tu pourrais remplacer la forme en couleur, puis complète par la bonne terminaison : *-é* ou *-er*.**

1. À force de (*voir – vu*) regard...... des films d'horreur, il fait des cauchemars. • 2. Nadia et Robin vont lui (*offrir – offert*) donn...... un cadeau pour sa fête. • 3. Ce que tu fais là n'est pas (*permettre – permis*) autoris....... • 4. C'est difficile, mais il faut (*vaincre – vaincu*) domin...... ta peur. • 5. Le bûcheron a (*abattre – abattu*) coup...... ce vieil arbre.

SCORE .... / 5

★★ **3** **Complète les verbes en couleur avec la terminaison qui convient : *-é* ou *-er*.**

« Je sais que Meaulnes est parti. Plus exactement, je le soupçonne de s'être échapp......

Sitôt le déjeuner termin......, il a dû saut...... le petit mur et fil...... à travers champs.

Il aura demand...... la jument pour all...... cherch...... M. et Mme Charpentier. Il fait

attel...... en ce moment. »

Alain-Fournier, *Le Grand Meaulnes,* 1913.

SCORE .... / 8

COUP DE POUCE
Tu dois trouver trois participes passés.

Corrigés p. 14

TOTAL .... / 17

ORTHOGRAPHE

34 Accorder le participe passé

Comment accorder un participe passé employé comme adjectif ?

▶ Le participe passé employé comme adjectif **épithète** s'accorde en genre et en nombre **avec le nom auquel il se rapporte** : *une feuille fanée – des hommes corrompus*.

▶ Le participe passé employé comme adjectif **attribut du sujet** avec le verbe *être* ou un verbe d'état (*paraître, sembler, devenir...*) s'accorde en genre et en nombre **avec le sujet du verbe**. *La feuille était fanée. – Ils semblaient corrompus.*

 Souligne les cinq participes passés employés comme adjectifs qualificatifs se rapportent aux mots en couleur.

Elle demeura saisie d'étonnement. Elle apercevait mille bibelots connus jadis, et disparus tout à coup, ces petits objets insignifiants qui avaient traîné quinze ans à côté d'elle, et qui prenaient une importance soudaine de témoins oubliés, d'amis retrouvés. Ils lui faisaient l'effet de ces gens qu'on a fréquentés pendant longtemps sans qu'ils se soient jamais révélés et qui soudain se mettent à bavarder sans fin. Elle allait de l'un à l'autre se disant : « Tiens, c'est moi qui ai fêlé cette tasse de Chine. »

D'après Guy de Maupassant, *Une vie*, 1883.

SCORE .... / 7

> **COUP DE POUCE**
> L'un des participes passés est attribut d'un pronom sujet.

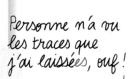

Personne n'a vu les traces que j'ai laissées, ouf !

Comment accorder un participe passé employé dans un temps composé ?

▶ Le participe passé employé avec l'**auxiliaire *être*** s'accorde en genre et en nombre avec le sujet.

Ils sont venus. – Elle a été félicitée.

▶ Le participe passé employé avec l'**auxiliaire *avoir*** ne s'accorde jamais avec le sujet. Il s'accorde en genre et en nombre avec le COD, seulement si le COD est placé avant le verbe.

Je vois les traces qu'a laissées le cambrioleur. → Le participe passé *laissées* s'accorde avec le COD *qu'* (qui représente *traces*, féminin pluriel), placé avant le verbe.

 À l'oral, explique la forme de ces trois participes passés figurant dans le texte de l'exercice 1.

1. traîné • **2.** fréquentés • **3.** fêlé.

SCORE .... / 3

 Accorde les participes passés des verbes entre parenthèses.

Mon grand-père a (faire) .... la plus belle chose du monde : il a (élever) ....

quatre garçons et trois filles ; et il les a bien (élever) ....

De nombreuses personnes ont (pleurer) .... à son enterrement et son

souvenir est (rester) .... vivace dans la mémoire de ceux qui l'avaient (aimer)

....

> **COUP DE POUCE**
> Seuls deux participes passés sont au pluriel.

Corrigés p. 14

SCORE .... / 6   TOTAL .... / 16

39

ORTHOGRAPHE

35 Distinguer *a* et *à*, *ou* et *où*, *et* et *est*

Comment distinguer les homophones *a/à*, *ou/où*, *et/est* ?

▶ Pour distinguer les homophones *a/à*, *ou/où*, *et/est*, il faut se demander à quelle classe grammaticale ils appartiennent.

a = verbe *avoir*	*à* = préposition
et = conjonction de coordination	*est* = verbe *être*
ou = conjonction de coordination	*où* = adverbe interrogatif ou pronom relatif

▶ Si tu hésites, tu peux faire des remplacements :
 • *a* ou *à* ? → s'il s'agit du verbe *avoir* (*a*), tu peux le remplacer par *avait*.
 • *et* ou *est* ? → s'il s'agit du verbe *être* (*est*), tu peux le remplacer par *était*.
 • *ou* ou *où* ? → s'il s'agit de la conjonction de coordination *ou*, tu peux la remplacer par *ou bien*.

★ **1** **Coche le mot qui convient.**

1. Toulouse ❏ a ❏ à été nommée la ville rose ❏ a ❏ à cause de la couleur des briques qu'on ❏ a ❏ à utilisées pour la construction des maisons.
2. Qui ❏ a ❏ à pensé ❏ a ❏ à apporter de la terre ❏ a ❏ à modeler pour le cours de sculpture de tout ❏ a ❏ à l'heure ?

SCORE . . . . / 7

> **COUP DE POUCE**
> Mets les phrases à l'imparfait pour repérer le verbe *avoir*.

★ **2** **Complète avec *ou* ou *où*.**

1. J'ignore . . . . Noé veut en venir, mais je vois bien qu'il a encore deux . . . . trois tours dans son sac et je reste méfiant pour le cas . . . . il chercherait à me duper.
2. Fromage . . . . dessert ? Dans ce restaurant . . . . tout est si bon, je ne me décide pas à prendre l'un . . . . l'autre.

SCORE . . . . / 6

★ **3** **Complète ce texte avec *et* ou *est*.**

> Un jour, elle aperçoit une grosse abeille . . . . l'attrape dans son mouchoir : « J'ai bien envie de lui couper la tête avec mon couteau pour la punir de toutes les piqûres qu'elle s'. . . . . . . amusée à faire. Tant pis pour elle, c'. . . . . . . une vilaine bête ! » C'. . . . . . . à ce moment que sa mère entre. Elle . . . . bouleversée . . . . indignée de la cruauté de Sophie.

La Comtesse de Ségur, *Les Malheurs de Sophie,* 1858.

SCORE . . . . / 6

> **COUP DE POUCE**
> Mets les phrases à l'imparfait pour repérer le verbe *être*.

★★ **4** **Complète avec le mot qui convient : *a – à – ou – où – et – est*.**

Estelle se demande . . . . elle passera ses vacances ? en France . . . . à l'étranger ? Jean . . . . déjà fixé ; il n'. . . . . . . pas . . . . choisir puisque son père . . . . hérité d'une maison . . . . la campagne, dans le village . . . . il . . . . passé son enfance . . . . son adolescence.

Il veut la remettre complètement en état . . . . du moins commencer . . . . le faire.

Corrigés p. 15

SCORE . . . . / 12   TOTAL . . . . / 31

36 Distinguer *on* et *ont*, *son* et *sont*

Comment choisir entre *on* et *ont*, *son* et *sont* ?

▶ Pour distinguer ces homophones, il faut se demander à quelle **classe grammaticale** ils appartiennent.

son = déterminant possessif (→ *le sien*)	*sont* = verbe être (→ *étaient*)
on = pronom indéfini (→ *il, quelqu'un*)	*ont* = verbe avoir (→ *avaient*)

▶ **Attention !** Quand l'adverbe de négation *n'* suit le pronom indéfini *on*, on ne l'entend pas. Tu dois repérer qu'il s'agit d'une phrase négative pour ne pas l'oublier.
*Avec ce bruit, **on n'**entend **pas** ce que tu dis.*

1 Coche le mot qui convient.

1. Dans ❑ son ❑ sont champ, l'agriculteur voit que ❑ son ❑ sont blé est déjà haut.
2. Le chat dort dans ❑ son ❑ sont panier, les souris ❑ son ❑ sont tranquilles.
3. Les manches de ❑ son ❑ sont manteau ❑ son ❑ sont tachées,
il doit l'apporter chez ❑ son ❑ sont teinturier.
4. Ses amis ❑ son ❑ sont heureux de ❑ son ❑ sont retour en France.
5. Je ne connais pas ❑ son ❑ sont âge, ni celui de ❑ son ❑ sont frère, mais je suis sûre qu'ils ❑ son ❑ sont plus âgés que moi.

SCORE . . . . / 12

2 Complète avec *on* ou *ont*.

1. . . . . a été surpris de gagner, mais . . . . n'a pas rêvé : ils . . . . bien remporté le match.

2. . . . . a souvent peur des animaux, mais . . . . dit qu'ils . . . . encore plus peur que nous.

3. Ils nous . . . . envoyé un sms pour nous rappeler qu' . . . . avait rendez-vous ce soir.

SCORE . . . . / 8

3 Complète avec *on* ou *on n'*.

1. . . . . est arrivé en retard à cause d'une panne de métro.

2. . . . . a plus rien à faire, tout est prêt !

3. . . . . ignore qui est invité au mariage de Laure et Fabien.

4. . . . . aurait aimé que tu viennes au parc d'attractions avec nous.

5. . . . . a peu de chance de gagner ce pari.

SCORE . . . . / 5

4 Mets chaque phrase à la forme négative.

1. On a vu quelqu'un. → . . . .

2. On y pense parfois. → . . . .

3. On a apporté quelque chose. → . . . .

SCORE . . . . / 3

COUP DE POUCE

Essaie de remplacer par il : si la phrase a du sens, c'est le pronom indéfini on qui convient.

ATTENTION 👀

À l'oral, tu n'entends pas de différence.

Corrigés p. 15

TOTAL . . . . / 28

ORTHOGRAPHE

37 Distinguer *ce* et *se*, *ces* et *ses*

Ce ou se ?

▶ *Ce*, déterminant démonstratif, se trouve toujours devant un nom ou un adjectif qualificatif.
  Ce garçon est gentil. → On peut dire : *Le garçon est gentil.*

▶ *Ce* (*c'*), pronom démonstratif, se trouve toujours devant le verbe *être*.
  Ce n'est pas prévu. → On peut dire : *Cela n'est pas prévu.*

▶ *Se* (*s'*), pronom personnel réfléchi, se trouve toujours devant un verbe.
  Il se lève. → On peut dire : *Je me lève.*

⭐ **1** **Complète les phrases avec les mots qui conviennent :** *ce – se – c' – s'*.

1. .... chaton .... tenait blotti sous .... carton.

2. ....est aujourd'hui que sa sœur .... marie.

3. Félix .... entend assez bien avec .... camarade : .... est une chance !

4. .... sera toi ou .... sera moi : .... est un choix difficile !

SCORE .... / 11

> **COUP DE POUCE**
> Tu dois utiliser trois fois le pronom c' (= cela).

Ces ou ses ?

▶ *Ces* est le pluriel des déterminants démonstratifs *ce*, *cet*, *cette*.
  J'ai jeté ces vieilles boîtes. → On peut dire : *J'ai jeté cette vieille boîte.*

▶ *Ses* est le pluriel des déterminants possessifs *son* et *sa*.
  Elle a oublié ses livres chez Élodie. → On peut dire : *Elle a oublié son livre chez Élodie.*

⭐⭐ **2** **Se ou *ce*, *ses* ou *ces* ? Coche le mot qui convient.**

Le marquis de Carabas fit ❑ se ❑ ce que son chat lui conseillait, sans savoir à quoi cela serait bon. Pendant qu'il ❑ se ❑ ce baignait, le roi vint à passer, et le chat ❑ se ❑ ce mit à crier de toutes ❑ ses ❑ ces forces : « Au secours, au secours, voilà monsieur le marquis de Carabas qui ❑ se ❑ ce noie ! » À ❑ se ❑ ce cri, le roi mit la tête à la portière et, reconnaissant le chat qui lui avait apporté tant de fois du gibier, il ordonna à ❑ ses ❑ ces gardes qu'on allât vite au secours de monsieur le marquis de Carabas. Pendant qu'on retirait le pauvre marquis de la rivière, le chat s'approcha du carrosse et dit au roi que, dans le temps que son maître ❑ se ❑ ce baignait, il était venu des voleurs qui avaient emporté ❑ ses ❑ ces habits, quoiqu'il eût crié au voleur de toutes ❑ ses ❑ ces forces.

Charles Perrault, *Contes*, « Le Chat botté », 1697.

SCORE .... / 10

> **COUP DE POUCE**
> Vérifie que tu as coché deux démonstratifs (un pronom et un déterminant).

Corrigés p. 16

TOTAL .... / 21

38 Mettre un *s* à *leur* si nécessaire

Comment distinguer le pronom *leur* du déterminant *leur* ?

▶ *Leur* est un **pronom personnel** lorsque, placé avant ou juste après le verbe, il peut être remplacé par son équivalent au singulier *lui*.

> *Nous **leur** donnons à manger.* → *Nous **lui** donnons à manger.*

▶ *Leur* (ou *leurs*) est un **déterminant possessif** lorsqu'il introduit un nom en indiquant une idée de possession.

> *Ils ont oublié **leurs** manteaux.* → *Il a oublié **son** manteau.*

1 Indique si les mots en couleur sont des déterminants (D) ou des pronoms (P).

COUP DE POUCE
Il y a trois déterminants et deux pronoms.

Dans ce roman d'aventures du XVIIe siècle, Antoine est obligé de prendre la fuite après avoir été accusé à tort du meurtre de la femme qu'il aime. Il s'embarque à bord du navire pirate du capitaine Flint, le Walrus.

Tandis que les frégates surprises dans leur (.......) sommeil, hachées par nos boulets,

pointaient leurs (.......) pièces sur le nuage de fumée qui stagnait entre elles,

se canonnant mutuellement sans s'en apercevoir, le *Walrus* passait en proue des

vaisseaux, leur (.......) déchargeait par le travers une volée des pièces du château-

arrière. Nous leur (.......) avions envoyé dans leurs (.......) œuvres vives assez de fonte

pour les rendre inoffensifs.

D'après Robert Margerit, *L'Île des perroquets*, © Phébus, 1946.

SCORE . . . . / 5

Quand met-on un *s* à *leur* ?

▶ Si *leur* est un **pronom personnel**, il reste **invariable**.

▶ Si *leur* est un **déterminant possessif**, il peut se mettre **au singulier ou au pluriel** :
– si tu peux le remplacer par *son*, *sa*, écris *leur* ;
– si tu peux le remplacer par *ses*, écris *leurs*.

> *J'aime les forêts : **leurs** couleurs, **leur** beauté.*
> → *J'aime la forêt : **ses** couleurs, **sa** beauté.*

2 *Leur* ou *leurs* ? Coche la forme qui convient.

COUP DE POUCE
Il n'y a qu'un seul déterminant au pluriel.

1. Je réponds à ❑ leur ❑ leurs mail. • **2.** ❑ Leur ❑ Leurs amis sont sympathiques.
3. Il ❑ leur ❑ leurs a dit merci. • **4.** Il ❑ leur ❑ leurs a réparé ❑ leur ❑ leurs voiture.

SCORE . . . . / 5

3 Complète avec *leur* ou *leurs*.

Il était une fois un bûcheron et une bûcheronne qui avaient sept enfants, tous garçons :

.... aîné n'avait que dix ans, et le plus jeune n'en avait que sept. Si .... enfants

étaient si nombreux, c'est que la femme du bûcheron allait vite en besogne, et n'en avait

pas moins de deux à la fois. Ils étaient fort pauvres, et .... sept enfants .... causaient

Corrigés p. 16

du souci parce qu'aucun d'eux ne pouvait encore .... apporter de l'aide en gagnant sa vie.

D'après Charles Perrault, *Contes,* « Le Petit Poucet », 1836.

TOTAL . . . . / 15

SCORE . . . . / 5

39 Utiliser les accents correctement

Dans quel cas ne faut-il jamais accentuer le e ?

▶ On n'accentue pas le *e* :
  – s'il est suivi de la lettre *x* (*exa*men, *anne*xe...) ;
  – s'il appartient aux terminaisons *-ed*, *-er*, *-et*, *-ez*, ou *-eh* (*pied*, *cahier*, *nez*...) ;
  – si on prononce la consonne finale de la syllabe où il se trouve (*bec*, *berceau*, *merci*...).

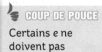
COUP DE POUCE
Certains *e* ne doivent pas être accentués.

★ 1 **Accentue comme il convient les e (é ou è) des mots en couleur.**

1. Le bebe hurle de colere. • **2.** Le dompteur fit claquer son fouet d'un coup sec, bref et leger. • **3.** Le patient expose ses symptômes à son medecin : fievre, gorge seche, nez qui coule et paupieres gonflees en fin de journee. • **4.** Durant son dernier safari, il a vu des elephants et des hyenes pres des points d'eau asseches.

SCORE .... / 4

Quand faut-il utiliser l'accent circonflexe ?

▶ L'accent circonflexe remplace souvent **une consonne disparue**, un *s* dans la plupart des cas. On retrouve en général ce *s* dans certains mots de la même famille.
  hôpital → hospitalier

▶ L'accent circonflexe permet aussi de distinguer certains homonymes.
  *Virginie a laissé son téléphone **sur** la table, j'en suis **sûr**.*

★★ 2 **Un accent circonflexe remplace souvent un s qui a disparu. Pour chacun des mots suivants, trouve un mot de la même famille comportant un s.**

INFO
La lettre *s* qui a disparu était généralement placée juste après la lettre qui a pris l'accent.

1. forêt : ....
4. vêtement : ....
2. intérêt : ....
5. goût : ....
3. fête : ....
6. arrêter : ....

SCORE .... / 6

Quand faut-il utiliser le tréma ?

▶ Le **tréma** sur les voyelles *e*, *i*, *u* sert à marquer la séparation entre deux voyelles côte à côte (*aïeul*, *haïr*) ou à indiquer que la voyelle qui précède doit se prononcer (*exiguë*).

★★ 3 **Dans chacun des mots suivants, il manque un tréma : à toi de le rétablir.**

1. coincidence ....
4. inoui ....
7. paien ....
2. faience ....
5. capharnaum ....
8. ouie ....
3. mais ....
6. mosaique ....
9. canoe ....

SCORE .... / 9

Corrigés p. 16

TOTAL .... / 19

ORTHOGRAPHE

40 Utiliser une apostrophe

À quoi l'apostrophe sert-elle ?

▶ L'apostrophe marque l'**élision** (la disparition) de la lettre *a*, *e* ou *i* devant un mot commençant par une voyelle ou un *h* muet.

Lettres élidées	Exemples
le *a* de *la*	Il **l'a** (la + a) rencontrée **l'**année (la + année) dernière.
le *e* de *je*, *me*, *te*, *se*, *le*, *de*, *ce*, *que*	**Qu'il** (que + il) **t'en** (te + en) donne ou pas, **c'est** (ce + est) égal.
le *e* de *jusque*, *puisque*, *lorsque*	Elle reste **jusqu'**à (jusque + à) midi, **puisqu'**Isabelle (puisque + Isabelle) doit la rejoindre.
le *i* de *si* (seulement et toujours devant *il*, *ils*)	Je viendrai **si** elle le souhaite et **s'il** (si + il) le faut.
le *a* et le *e* devant un *h* muet	**L'**héroïne (la + héroïne) mord à **l'**hameçon (le + hameçon) : **le** hasard ou **l'**habitude (la + habitude) ?

 1 Coche l'article que tu peux placer devant chaque mot.

	le	l'	la
architecture			
histoire			
artichaut			
empire			
hôtel			
hauteur			

	le	l'	la
héros			
espoir			
hockey			
insolence			
housse			
hamburger			

SCORE .... / 12

 2 Toutes les apostrophes ont disparu ! À toi de les rétablir.

1. Aujourdhui, lophtalmologiste de lhôpital a vérifié ma vue. → ....

....

2. Il sen est fallu de peu quil rate son train ! → ....

....

3. Si Sophie ma vue arriver en retard, elle nen a rien dit. → ....

....

4. Il marrive davoir peur daller jusquau bout du couloir lorsquil fait trop noir, mais sil le faut, je domine mon angoisse. → ....

....

....

5. PuisquIrène refuse de laccueillir chez elle, il ira à lhôtel. → ....

INFO

Héros et *héroïne* ont la même origine, mais *héros* a un *h* aspiré et *héroïne*, un *h* muet.

ATTENTION
Quinze apostrophes ont disparu...

Corrigés p. 17

SCORE .... / 15   TOTAL .... / 27

41 Mettre des majuscules

Quand emploie-t-on une majuscule ?

▶ On emploie une majuscule dans les cas suivants :
– pour marquer le **début d'une phrase** ;

Je vais au cinéma. J'aime les films de science-fiction.
– pour indiquer le **début d'un vers** en poésie classique ;

Il pleure dans mon cœur / Comme il pleut sur la ville.
– pour signaler un **nom propre** : noms de personnes ou d'animaux (*Brigitte, Dupond, Médor*) ; noms de peuples (*les Anglais, les Wallons*) ; noms géographiques (*la Loire, les États-Unis, Toulouse*) ; noms de fêtes (*Noël, la Saint-Valentin*) ;
– dans certaines appellations officielles, pour exprimer le **respect**, la considération (*Monsieur le Président*).

 1 Recopie le texte en rétablissant les majuscules qui ont disparues.

c'est en cherchant à se rendre aux indes par le plus court chemin possible que christophe colomb découvrit un nouveau continent : l'amérique. de ce fait, il appela les habitants des îles où il accosta : les indiens. il prit possession de ces nouvelles terres au nom du roi d'espagne et baptisa tout naturellement l'île principale du nom d'« hispaniola » qui signifie « petite espagne ». cette partie occidentale de l'île s'appelle aujourd'hui haïti.

SCORE . . . . / 14

 COUP DE POUCE
Repère les débuts de phrase et les noms propres.

Dans quels cas faut-il bien faire attention à utiliser une minuscule ?

▶ On utilise une minuscule et non une majuscule :
– pour tous les **adjectifs** (*l'industrie française*) ;
– pour les noms de **langues** et de **religions** (*le chinois, le bouddhisme*) ;
– après le **point-virgule** (*Il est content ; ça se voit.*) ;
– après le **deux-points**, sauf s'il est suivi d'une citation.
J'ai acheté : des poires, des pommes.
Il dit toujours : « Petit à petit, l'oiseau fait son nid. ».

 2 Majuscule ou minuscule ? Entoure la lettre qui convient.

(M / m)onsieur le (M / m)aire,
(J' / j')ai lu dans le magazine *(B / b)ien vivre au quotidien* que vous souhaitiez développer les cours de langues : « (Il / il) est important que chacun puisse découvrir une langue étrangère, l'(A / a)nglais ou le (R / r)usse, par exemple. » (L / l)es (R / r)usses de mon quartier et moi-même sommes ravis de cette initiative. (J / j)e tiens à me proposer pour animer différents ateliers : cuisine russe, chant traditionnel... ; l'idée de conférences sur des auteurs tels que (G / g)ogol ou (T / t)olstoï peut également être envisagée.
(V / v)euillez agréer, (M / m)onsieur le (M / m)aire, mes respectueuses salutations.

SCORE . . . . / 15

COUP DE POUCE
Tu dois choisir la majuscule treize fois.

Corrigés p. 17

TOTAL . . . . / 29

42 Chercher un mot dans le dictionnaire

À quoi un dictionnaire peut-il te servir ?

▶ Un dictionnaire est un **outil d'information** qui donne des renseignements sur les mots. Dans un dictionnaire imprimé, les mots sont présentés dans l'**ordre alphabétique** :

*fe*mme – *fi*lle – *fin*aud – *fl*acon

▶ Il existe aussi des **dictionnaires en ligne**. Par exemple, sur le site du *Trésor de la langue française*.

1 **Numérote les mots suivants pour les ranger par ordre alphabétique.**

…. pantalon • …. baignoire • …. hypodrome • …. vexer • …. maison • …. garage • …. rire

SCORE …….. / 7

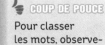
COUP DE POUCE

Pour classer les mots, observe-les à partir de leur 4ᵉ lettre.

Quelles informations sur le mot y trouve-t-on ?

▶ L'article de dictionnaire fournit de nombreuses informations dans un ordre précis : l'**orthographe** du mot, sa **classe grammaticale** (nom, adjectif…), ses différents **sens** (sens propre, sens figuré) avec des **exemples**.
On peut y trouver d'autres informations : des synonymes, des antonymes, des homonymes, ainsi que l'étymologie du mot.

▶ Certaines informations sont données sous forme d'**abréviations**, dont la liste figure dans les premières pages du dictionnaire.

 INFO

Lorsqu'un mot possède plusieurs sens, chaque définition est précédée d'un chiffre.

2 **Lis cet article de dictionnaire, puis réponds aux questions.**

> **TÂCHE : n. m. 1.** Travail qu'on doit exécuter. → besogne, ouvrage. *Accomplir sa tâche.*
> *S'acquitter d'une tâche.* **2.** Ce qu'il faut faire : conduite commandée par une nécessité ou dont on se fait une obligation. → devoir, mission, rôle. *La tâche des parents.*
> ■ *hom.* Tache, « salissure ».

1. Que signifie l'abréviation « n. m. » ? …………………………………………………………

2. Que signifie l'abréviation « hom. » ? …………………………………………………………

3. Combien le mot « tâche » a-t-il de sens ? …………………………………………………

4. Souligne l'exemple qui illustre le deuxième sens du mot.

SCORE …….. / 4

3 **Coche la bonne réponse.**

1. À quelle classe grammaticale appartient le mot *drap* ? ❏ adjectif ❏ nom ❏ verbe
2. Quel est le genre du mot *anagramme* ? ❏ masculin ❏ féminin
3. Quelle est l'étymologie du mot *perspicace* ? ❏ perspicas ❏ perspicax
4. Quel est le contraire du mot *inusité* ? ❏ nuisible ❏ habituel ❏ utile
5. À quel mot familier peut-on associer le mot *soldat* ? ❏ militaire ❏ bidasse
6. Quel est le sens figuré du mot *lumière* ?
   ❏ ce qui éclaire les choses ❏ ce qui éclaire l'esprit

 COUP DE POUCE

Pour faire cet exercice, tu dois utiliser un dictionnaire.

Corrigés p. 18

SCORE …….. / 6   TOTAL …….. / 17

43 Distinguer sens propre et sens figuré

Qu'est-ce qu'un mot polysémique ?

▸ Un mot est dit « polysémique » quand il a au moins **deux sens différents**.
chambre : 1. une chambre dans une maison ; 2. la chambre à air d'un vélo

▸ Un mot polysémique peut avoir un sens propre et un sens figuré :
– **le sens propre** d'un mot est son sens premier, habituel, le plus souvent concret ;
*une rue très **large***
– **le sens figuré** est un second sens du mot, imagé et le plus souvent abstrait.
*avoir les idées **larges***

 1 **Quel est le sens de l'adjectif *merveilleux* dans chaque phrase ? Choisis le synonyme qui convient :** remarquable – magique – beau.

1. La chorégraphie des deux patineurs était merveilleuse ! ....

2. Les bottes de sept lieues sont dotées de pouvoirs merveilleux. ....

3. Le soleil qui se reflète sur la mer crée de merveilleuses harmonies. ....

SCORE .... / 3

 INFO
Merveilleux est un mot polysémique. À chaque sens correspond un synonyme différent.

2 **Dans quel sens le mot *opération* est-il employé dans chaque phrase?**

Le général a pris le commandement des opérations. •   • calcul

Le travail à la chaîne est une suite d'opérations ordonnées. •   • manœuvre militaire

Que d'opérations à faire pour trouver le résultat du problème ! •   • acte chirurgical

Il a subi une opération à cœur ouvert. •   • action qui produit un effet

SCORE .... / 4

 3 **Indique si les mots en couleur sont employés au sens propre (P) ou au sens figuré (F).**

1. Ce plat manque de sel (....). – Cette histoire manque de sel (....).

2. Le vent mugit (....) dans les arbres. – La vache mugit (....) pour appeler son petit.

3. Il brûle (....) de partir. – Je me brûle (....) la main en cuisinant.

4. La moutarde me monte (....) au nez. – Elle monte (....) au premier étage.

5. Il ne faut pas laisser bouillir (....) le café. – Si cela continue, je vais bouillir (....) de rage.

6. Il sème (....) la zizanie dans le groupe. – L'horticultrice sème (....) les graines de chaque fleur à différentes périodes.

7. Il a parfois des éclairs (....) de génie. – Les éclairs (....) zèbrent le ciel.

8. Ouvre les volets, cette pièce est trop sombre (....). – Elle est de sombre (....) humeur.

SCORE .... / 16

COUP DE POUCE
À chaque mot correspond un emploi au sens propre et un emploi au sens figuré.

Corrigés p. 18

TOTAL .... / 23

44 Trouver un synonyme

Qu'est-ce qu'un synonyme ?

▶ On appelle synonymes des mots qui ont le **même sens** et qui appartiennent à la **même classe grammaticale** (le synonyme d'un nom est un nom, celui d'un verbe est un verbe, etc.) : *aliment – nourriture* ; *aider – secourir*.

★ **1** **Groupe deux par deux les mots qui sont synonymes :** achat – abattre – emplette – lâche – détresse – poltron – misère – détruire.

1. .... – ....   3. .... – ....

2. .... – ....   4. .... – ....

SCORE .... / 8

★★ **2** **Donne un synonyme à chacun des mots suivants.**

1. vitesse → ra..................................

2. craindre → re..................................

3. incorrect → f..................................

4. calmer → tr..................................

5. agaçant → én..................................

6. célèbre → il..................................

SCORE .... / 6

> **ATTENTION** 👀
> N'oublie pas que le synonyme d'un nom est un nom et que celui d'un verbe est un verbe !

Le sens de deux synonymes est-il exactement le même ?

▶ Souvent, deux synonymes n'ont pas exactement le même sens.

*Il fait exprès de m'**inquiéter**. – Il fait exprès de me **terroriser**.*
→ *Inquiéter* a un sens moins fort que *terroriser*.

★ **3** **Vrai ou faux ? Coche la bonne réponse.**

1. *Hurler* et *crier* sont synonymes,
mais *hurler* a un sens plus fort que *crier*.
❏ Vrai ❏ Faux

2. *Se gausser* et *se moquer* sont synonymes,
mais *se gausser* appartient à un langage plus soutenu que *se moquer*.
❏ Vrai ❏ Faux

3. *Audace* et *culot* sont synonymes,
mais *audace* appartient à un langage plus familier que *culot*.
❏ Vrai ❏ Faux

SCORE .... / 3

★★ **4** **Remplace chaque mot en couleur par l'un des synonymes suivants :**
supplice – boîte – tonneau – épée.

1. la cassette de Pandore → ....

2. le fût des Danaïdes → ....

3. le châtiment de Tantale → ....

4. le fleuret de Damoclès → ....

SCORE .... / 4

> 🦉 **INFO**
> En faisant ces remplacements, tu retrouves des expressions tirées de la mythologie.

Corrigés p. 19

TOTAL .... / 21

45 Trouver un antonyme

Qu'est-ce qu'un antonyme ?

▶ On appelle antonymes ou **contraires** des mots dont le **sens** est **opposé** et qui appartiennent à la **même classe grammaticale** :
laideur – beauté ; monter – descendre.

⭐ **1** **Donne le contraire de chaque mot.**

1. défaite → v..............................   **5.** avancer → r..............................

2. épais → f..............................   **6.** réussir → é..............................

3. bruyant → s..............................   **7.** accélérer → r..............................

4. occident → o..............................   **8.** attrister → r..............................

SCORE .... / 8

⭐⭐ **2** **Avec les préfixes *dé-, dés-, il-, im-, in-, ir-*, trouve le contraire de chaque mot en couleur.**

1. C'est un sol (perméable) .... • **2.** Ce que tu fais est

(légal) .... • **3.** Les soldats sont (armés) .... •

• **4.** Les traits de son visage sont (réguliers) .... • **5.** L'artisan est

(satisfait) .... du travail de son apprenti. • **6.** Cet enfant est

(patient) .... • **7.** La situation est (bloquée) ....

SCORE .... / 7

> **ATTENTION** 👀
> La formation d'un contraire par ajout d'un préfixe d'opposition entraîne parfois un doublement de consonne.

⭐⭐ **3** **Trouve le contraire de chaque mot en couleur.**

> Il était sale. Il portait son pantalon gris, toujours le même, tirebouchonné et taché.
> Ses mains, surtout, et ses ongles étaient malpropres.

D'après Claire Etcherelli, *Élise ou La Vraie Vie* © Denoël, 1967.

1. sale → ....   **2.** taché → ....

3. malpropres → ....

SCORE .... / 3

> **COUP DE POUCE**
> N'oublie pas d'accorder l'adjectif avec le nom auquel il se rapporte.

Le sens de deux antonymes est-il exactement le même ?

▶ L'antonyme d'un mot varie suivant les **différents sens** que ce mot peut prendre. Ainsi, l'antonyme de *léger* peut être : **lourd** *(un poids léger)* ; **fort** *(un bruit léger)* ; **grave** *(une faute légère).*

⭐ **4** **L'adjectif *frais* a plusieurs sens. Pour chaque phrase, choisis dans la liste l'antonyme qui convient :** rassis – chaud – avarié.

1. Élise veut une boisson fraîche. → Élise veut une boisson ....

2. Le matin, je mange du pain frais. → Le matin, je mange du pain ....

3. Cette viande est fraîche. → Cette viande est ....

> **COUP DE POUCE**
> Donne chaque fois un mot différent.

SCORE .... / 3

Corrigés p. 19

TOTAL .... / 21

46 Distinguer des homophones

Qu'est-ce qu'un homophone ?

▶ Les homophones sont des mots de **sens différents** qui **se prononcent de la même façon**, mais qui ont une **orthographe différente**.

*le **vers** (en poésie) ; le **verre** (pour boire)*

▶ Il faut donc chercher le **sens du mot dans la phrase** pour l'écrire correctement.

1 **Trouve les homophones des noms suivants : ce sont des verbes à la 3ᵉ personne du singulier de l'indicatif présent.**

1. un essai → il ....
4. un tort → il ....

2. l'air → il ....
5. le temps → il ....

3. une souris → il ....
6. un sort → il ....

SCORE .... / 6

ATTENTION 👀
Les terminaisons des verbes sont différentes selon les groupes.

2 **Relie chaque homophone à sa définition.**

le chaume •   • produire un son amplifié

il chôme •   • un moment de repos

raisonner •   • l'action de poser

résonner •   • faire usage de la raison

la pose •   • il n'a pas de travail

une pause •   • la paille qui couvre le toit des maisons

Au travail, pas de pause pour les courageux !

SCORE .... / 6

3 **Coche l'homophone qui convient.**

1. Roxane a bien bronzé pendant ses vacances, elle a un joli ❑ thym ❑ teint ❑ tain.
2. La cuisinière a mis un bouquet de ❑ thym ❑ teint ❑ tain dans le ragoût.
3. Derrière les glaces, on applique un alliage métallique appelé ❑ thym ❑ teint ❑ tain.
4. Ma mère a engagé une jeune fille au ❑ père ❑ paire ❑ pers ❑ pair pour garder mon frère.
5. Mon voisin est ❑ père ❑ paire ❑ pers ❑ pair de deux enfants.
6. Athéna est la déesse aux yeux ❑ père ❑ paire ❑ pers ❑ pair.
7. Ils forment une sacrée ❑ père ❑ paire ❑ pers ❑ pair d'amis.

SCORE .... / 7

COUP DE POUCE
Le mot pers désigne une couleur où le bleu domine.

4 **Complète le texte en remplaçant chaque mot en couleur par un homophone.**

Les sons du piano se balancent comme des cloches, lorsqu'on est (dent) dans les (chants)

.... et (queue) .... le (vend) .... apporte (leurre)

.... (voie) .... et l'éloigne tour à tour.

D'après Romain Rolland, Jean-Christophe © Albin Michel, 1912.
Avec l'aimable autorisation des éditions Albin Michel.

SCORE .... / 7

Corrigés p. 20

TOTAL .... / 26

47 Utiliser des préfixes

Qu'est-ce qu'un préfixe ?

▸ Pour créer des mots nouveaux, le français utilise le système de la **dérivation**.
À partir du **radical**, partie qui exprime l'idée essentielle du mot, on ajoute un
ou plusieurs éléments **affixes**. On en distingue deux sortes : les **préfixes** et les **suffixes**.

▸ Un **préfixe** est un élément qui se place **avant le radical**.
Il a un sens précis : *pro-* a le sens de « en avant » (**pro**jeter) ;
super- a le sens de « au-dessus » (**super**poser)...

★★ **1** Trouve le nom qui correspond à chaque définition en utilisant les préfixes suivants :
anti- ; *bi-* ; *co-* ; *im-* ; *para-* ; *re-* ; *sur-*. Les mots en couleur te renseignent sur le radical
du nom à trouver.

Définition	Nom	Préfixe
Personne qui fait équipe avec d'autres.	....	....
Enchère au-dessus d'une autre.	....	....
Personne qui parle deux langues.	....	....
Objet qui empêche le vol.	....	....
Action de faire une seconde lecture.	....	....
Quelque chose qui n'a pas été prévu.	....	....
Objet utilisé pour se protéger de la pluie.	....	....

SCORE . . . . / 8

★★ **2** Relie chaque préfixe à son sens.

déca- •   • nombreux

multi- •   • dix

mono- •   • mille

super- •   • seul, unique

mini- •   • au-dessus

kilo- •   • plus petit

SCORE . . . . / 6

> **COUP DE POUCE**
>
> Pour t'aider, lis
> les mots suivants,
> qui sont construits
> avec ces préfixes :
> – *décaèdre* ;
> – *multicolore* ;
> – *supersonique* ;
> – *monologue* ;
> – *minibus* ;
> – *kilomètre*.

★★ **3** Classe les mots de la liste selon le sens du préfixe *in-* : influence – infiltration –
infatigable – incessant – incorporer – infini – incarcérer – infusion.

1. *in-* a le sens de « dans » dans les mots : influence ....

....

2. *in-* a un sens négatif dans les mots : infatigable ....

Corrigés p. 20

....

SCORE . . . . / 8   TOTAL . . . . / 22

48 Utiliser des suffixes

Qu'est-ce qu'un suffixe ?

▶ Un suffixe est un élément qui se place **après le radical**.

▶ Il renseigne souvent sur la classe grammaticale du mot.

tirer (verbe) → *tir**oir*** (nom) ; *siffler* (verbe) → *siffle**ment*** (nom) ;
aimer (nom) → *aim**able*** (adjectif)

★ **1** **Donne le nom de métier dérivé de chaque mot.**

1. dent → dentiste ....

2. dessin → ....

3. poisson → ....

4. chœur → ....

5. chauffage → ....

6. papier → ....

7. chirurgie → ....

8. danse → ....

SCORE .... / 8

INFO
Les noms de métiers sont souvent formés à partir d'un mot qui désigne le domaine d'activité auquel on ajoute un suffixe.

★★ **2** **Transforme ces mots en utilisant des suffixes qui expriment la petitesse.**

1. statue → ....

2. rue → ....

3. brin → ....

4. nappe → ....

5. table → ....

6. botte → ....

SCORE .... / 6

COUP DE POUCE
Deux mots ont un suffixe en –ette.

★★ **3** **Donne le sens des mots suivants, sachant que la terminaison *-ite* signifie « inflammation ».**

1. otite : inflammation ....

2. gingivite : inflammation ....

3. hépatite : inflammation ....

4. bronchite : inflammation ....

SCORE .... / 4

★★ **4** **Ajoute un suffixe aux mots suivants en tenant compte des indications.**

1. Forme un nom à partir d'un adjectif.	fier →	beau →	difficile → ....
2. Forme un adjectif à partir d'un nom.	exemple →	dépense →	enfant → ....
3. Forme un nom à partir d'un verbe.	atterrir →	livrer →	évoluer → ....
	croître →	inscrire →	paraître → ....
4. Forme un adverbe à partir d'un adjectif.	fou →	évident →	abondant → ....

SCORE .... / 15

ATTENTION
L'ajout d'un suffixe entraîne souvent des modifications dans l'orthographe du radical.

Corrigés p. 21

TOTAL .... / 33

49 Choisir le bon niveau de langue

À quoi reconnaît-on le langage familier ou vulgaire ?

▶ On reconnaît le langage familier ou vulgaire aux caractéristiques suivantes :
  – un **vocabulaire pauvre**, limité ou déformé ;
  – des phrases construites de manière **peu élaborée**, voire incorrecte ;
  – l'emploi dominant du **présent**.

  J'le kiffe pas ! – C'est quoi l'embrouille ? – Il a piqué ma bagnole !

★ **1** **À quel niveau de langage appartient ce texte ? Coche la bonne réponse.**

Cruift file le long de la touche, feinte un adversaire, shoote dans la foulée sur l'avant-centre qui contrôle impec de la tête, reprend du pied gauche et marque. Un à zéro après sept minutes de jeu ! C'est pas pour rire ! Ce sont des artistes, ces mecs. Je rigole doucement en plus parce que Franck, il est pas jouasse du tout.

Patrick Cauvin, *Monsieur Papa* © Éditions Jean-Claude Lattès, 1976.

❏ soutenu   ❏ courant   ❏ familier

SCORE . . . . / 1

★★ **2** **Les phrases suivantes, extraites du texte, sont mal construites.**
Corrige les erreurs, en conservant le même vocabulaire.

1. C'est pas pour rire ! → . . . .

2. Ce sont des artistes, ces mecs. → . . . .

3. Je rigole doucement en plus parce que Franck, il est pas jouasse du tout.

→ . . . .

SCORE . . . . / 3

Quelles sont les caractéristiques du langage courant et du langage soutenu ?

▶ Les caractéristiques du **langage courant** : un vocabulaire commun ; une syntaxe simple, mais correcte ; l'emploi des temps les plus fréquents (pas de passé simple…).
  Je ne l'aime pas ! – Quel est le problème ? – Il a volé ma voiture !

▶ Les caractéristiques du **langage soutenu** : un vocabulaire recherché ; une syntaxe complexe ; un emploi de tous les modes et temps.
  Je ne l'apprécie guère ! – Quelle est la difficulté ? – Il a dérobé mon véhicule !

★★ **3** **Dans le texte de l'exercice 1, relève trois mots qui appartiennent au langage familier.**
Propose, pour chacun, un synonyme appartenant au langage courant ou soutenu.

1. . . . . → . . . .

2. . . . . → . . . .

3. . . . . → . . . .

SCORE . . . . / 6

COUP DE POUCE
Pour répondre, regarde bien la construction des phrases et le vocabulaire utilisé.

INFO
On appelle syntaxe ce qui concerne l'ordre des mots, la construction des phrases…

ATTENTION
Le verbe *feinter*, employé dans un contexte sportif comme ici, n'appartient pas au langage familier.

4 Pour chacun des synonymes suivants du mot *mec*, indique s'il appartient au langage soutenu (S), courant (C), ou familier (F).

1. gars → ..... • **2.** type → ..... • **3.** homme → ..... • **4.** individu → .....

• **5.** personne → ..... • **6.** bonhomme → ..... • **7.** bougre → .....

SCORE .... / 7

INFO

Le langage familier relève de la langue orale ; le langage soutenu, de la langue écrite.
Le langage courant est utilisé dans les deux langues.

5 L'expression *rigoler doucement* évoque l'idée de moquerie.
Relie chacun de ces mots synonymes au niveau de langue auquel il appartient.

se moquer •   • familier

se gausser •   • courant

se ficher •   • soutenu

SCORE .... / 3

6 Réécris le texte de l'exercice 1 dans un langage plus soutenu en utilisant les mots de la liste suivante : joueurs – plaisanter – courir – impeccablement – faire rire – content – excellents – tirer.

....

....

....

....

....

....

....

....

....

....

SCORE .... / 8

COUP DE POUCE

Un des mots à trouver appartient à la famille de *restaurant*.

7 Complète le tableau suivant.

Langage familier	Langage courant	Langage soutenu
p...................	voler	d...................
f...................	v...................	habits
bagnole	v...................	a...................
b...................	manger	se r...................

SCORE .... / 8

Corrigés p. 21

TOTAL .... / 36

50 Utiliser le temps du passé qui convient

Quels sont les deux principaux temps du passé utilisés dans un récit ?

▶ Dans un récit au passé, on utilise traditionnellement le **passé simple** et l'**imparfait**.

> Lorsque le prince **s'approcha** de la haie d'épines, il **vit** de magnifiques fleurs
>   p. simple   p. simple
>
> qui **s'écartaient** d'elles-mêmes sur son passage et lui **laissaient** le chemin.
>   imparfait   imparfait

Les frères Grimm, *in Contes merveilleux*, « La Belle au bois dormant », 1697.

 1 Lis cet extrait de *La Belle au bois dormant*. **Souligne en bleu les verbes conjugués à l'imparfait et en rouge les verbes conjugués au passé simple.**

Lorsque le prince s'approcha de la haie d'épines, il vit de magnifiques fleurs qui s'écartaient d'elles-mêmes sur son passage et lui laissaient le chemin. Derrière lui, elles reformaient une haie. Dans le château, il vit les chevaux et les chiens de chasse qui dormaient. Sur le toit, les pigeons se tenaient la tête sous l'aile. Et, lorsqu'il pénétra dans le palais, il vit les mouches qui dormaient contre le mur. En haut, sur les marches du trône, le roi et la reine étaient endormis. Le prince poursuivit son chemin, et le silence était si profond qu'il entendait son propre souffle. Enfin, il arriva à la tour et poussa la porte de la petite chambre où dormait la belle.

D'après Les frères Grimm, *in Contes merveilleux*, « La Belle au bois dormant », 1697.

SCORE . . . . / 18

Quelle différence y a-t-il entre l'imparfait et le passé simple ?

▶ **L'imparfait** est le **temps de la description** : il permet de décrire le décor, les personnages, les sentiments.

▶ Le **passé simple** est le **temps de la narration** : il permet de rapporter les actions qui font progresser l'histoire, les actions de premier plan.

★★ 2 **Lis ce passage et coche les verbes qui conviennent.**

Je ❑ marchai ❑ marchais depuis près d'une demi-heure dans la campagne, lorsque ❑ j'aperçus ❑ j'apercevais, au détour du chemin, une bâtisse isolée. Un calme étrange ❑ se dégagea ❑ se dégageait de l'endroit.
Une envie irrésistible de jouer les Sherlock Holmes me ❑ saisit ❑ saisissait.
Je ❑ m'approchai ❑ m'approchais de la maison, ❑ traversai ❑ traversais rapidement le jardin et ❑ m'adossai ❑ m'adossais contre un mur, tout près d'une fenêtre. Le cœur battant, je ❑ scrutai ❑ scrutais quelques secondes à l'intérieur.
Derrière le voile blanc des rideaux, je ❑ découvris ❑ découvrais un spectacle effrayant : au centre de la pièce, le corps d'un chat ❑ baigna ❑ baignait dans une mare de sang.

SCORE . . . . / 10

> 🍃 **COUP DE POUCE**
> Vérifie que tu as mis trois verbes à l'imparfait.

Les actions de premier plan

Dans l'extrait de *La Belle au bois dormant* (exercice 1 p. 56), le prince accomplit les actions de premier plan.

a. Relève, dans l'ordre, tous les verbes qui relatent ces actions.

....

....

....

b. À quel temps ces verbes sont-ils conjugués ?

....

SCORE .... / 6

★ 4 **Les actions d'arrière-plan**

Les différents éléments du décor apparaissent à travers le regard du prince.

a. Quels sont les cinq éléments du décor plongés dans le sommeil ?

....

....

....

b. À quel temps sont les verbes décrivant ces éléments ?

....

SCORE .... / 6

★★ 5 **Comme tout le monde, tu connais la suite de cette histoire : le baiser du prince réveille la Belle au bois dormant, ainsi que toute la Cour. Et si le baiser du prince ne réveillait pas la Belle, quelle fin imaginerais-tu alors ?**

Écris, au brouillon, une autre fin à cette histoire en utilisant l'imparfait et le passé simple.

Corrigés p. 22

TOTAL .... / 40

51 Écrire un récit

Quelles sont les caractéristiques du récit ?

▶ Écrire un **texte narratif**, c'est raconter une **suite d'événements réels ou imaginaires** formant une histoire cohérente que l'on appelle un **récit**.

▶ Un récit **raconte l'histoire** de **personnages** qui agissent, au gré de circonstances favorables ou défavorables, pour atteindre des **objectifs**. Le personnage principal est le **héros**.

▶ On trouve des textes narratifs **dans tous les genres d'écrits** : romans, contes, nouvelles, lettres... Les **buts** d'une narration sont variés : amuser, surprendre, inquiéter, témoigner, exprimer un point de vue...

 1 **Lis le texte puis réponds aux questions.**

> Assise à côté de sa sœur sur le talus, Alice commençait à être fatiguée de n'avoir rien à faire. Une fois ou deux, elle avait jeté un coup d'œil sur le livre que lisait sa sœur ; mais il n'y avait dans ce livre ni images ni dialogues. Elle était donc en train de se demander si le plaisir de tresser une guirlande de pâquerettes valait la peine de se lever pour aller cueillir les pâquerettes, quand soudain un lapin blanc aux yeux roses vint à passer auprès d'elle en courant.
>
> Il n'y avait là rien de particulièrement remarquable pourtant, quand le lapin s'avisa de tirer de son gousset une montre, de consulter cette montre, puis de se remettre à courir de plus belle, Alice se dressa d'un bond. Brûlant de curiosité, elle s'élança à travers champs à la poursuite de l'animal et elle eut la chance de le voir s'engouffrer dans un large terrier qui s'ouvrait sous la haie. Un instant plus tard, elle s'y enfonçait à son tour, sans du tout s'inquiéter de savoir comment elle en pourrait ressortir. Le terrier était creusé d'abord horizontalement comme un tunnel, puis il présentait une pente si brusque et si raide qu'Alice n'eut même pas le temps de songer à s'arrêter avant de se sentir tomber dans ce qui semblait être un puits très profond.

D'après Lewis Carroll, *Les Aventures d'Alice au pays des Merveilles*, © Flammarion, 2000.

COUP DE POUCE
Le héros est le personnage principal présent tout au long de l'histoire.

1. Où se déroulent les événements racontés dans ce texte ?

....

....

....

2. Quels sont les personnages évoqués ? ....

....

3. Qui est le personnage principal de ce récit ?

....

SCORE .... / 3

Comment un récit s'organise-t-il ?

▶ Un texte narratif s'organise en cinq étapes :
– la **situation initiale**, qui présente les personnages, définit un cadre (temps, espace...) ;
– l'**élément perturbateur**, fait ou action qui permet à l'action de démarrer ;
– les **péripéties**, suite de rebondissements ou d'actions qui s'enchaînent ;
– le **dénouement**, dernier événement qui permet à l'action de s'achever,
à l'intrigue de se « dénouer » ;
– la **situation finale**, sorte de conclusion, état des personnages à la fin de l'histoire.

2

1. Résume la situation initiale du texte de l'exercice 1.

....

....

INFO
L'élément déclencheur met fin à la situation initiale.

2. À ton avis, quel est l'élément perturbateur ?

....

....

SCORE .... / 2

3

Écris une péripétie qui met en scène Alice. Utilise les mots clés ci-dessous pour construire ton texte : soif – flacon – boire – changer de taille.

....

....

....

....

....

....

....

....

COUP DE POUCE
La péripétie fait rebondir l'action. Utilise des verbes qui vont la rendre vivante.

SCORE .... / 5

4

Alice est tombée dans un puits profond qui lui a fait découvrir le pays des Merveilles.
Pourra-t-elle quitter ce pays et retrouver sa sœur ?
Imagine un dénouement et une fin à cette histoire.

....

....

....

....

....

....

....

....

COUP DE POUCE
La fin de l'histoire peut se dérouler dans le monde réel ou dans le monde imaginaire.

Corrigés p. 22

TOTAL .... / 10

LECTURE ET EXPRESSION ÉCRITE

52 Étudier une image

Comment étudier une image ?

▶ Lors d'une première approche, tu dois répondre, si possible, aux questions suivantes :
- Quel est le **nom de l'artiste** ?
- Quel est le **titre de l'œuvre** ?
- Quelle est la date ou l'**époque de sa réalisation** ?
- S'agit-il d'un dessin, d'une peinture, d'un collage, d'une photographie ?
- Que **représente** l'image ?

Le mythe de la tour de Babel est raconté dans la Bible. Un jour, les hommes décidèrent de construire une tour qui devait atteindre les cieux. Mais Dieu jugea le projet orgueilleux et décida de disperser les hommes sur la Terre en créant la diversité des langues : ne parvenant plus à se comprendre, les hommes ne purent poursuivre la construction de la tour.

Pieter Brueghel, *La Tour de Babel*, 1563, huile sur bois, 114 x 155 cm, Vienne, Kunsthistorisches Museum. Ph © La collection/Images

COUP DE POUCE

Lis attentivement la légende de l'image.

 Donne le nom du peintre et le titre de cette œuvre.

....

SCORE . . . . / 2

 Coche la bonne réponse.

1. Cette œuvre est ❑ une sculpture ❑ une photographie ❑ une peinture.
2. Elle date du ❑ XVᵉ siècle ❑ XVIᵉ siècle ❑ XVIIᵉ siècle.
3. L'artiste a illustré ❑ un mythe ❑ une histoire vraie ❑ un conte.
4. L'œuvre représente ❑ une ville en ruine ❑ un édifice en construction ❑ une cathédrale.

SCORE . . . . / 4

Qu'appelle-t-on le cadrage ?

▶ Le cadrage, c'est la **place donnée par l'artiste à son sujet** par rapvport aux limites (cadre) de l'image. On distingue quatre types de cadrage :

Plan d'ensemble   Plan moyen   Gros plan   Plan rapproché

Observe le tableau. Quel est le cadrage choisi par l'artiste ?

❏ un gros plan   ❏ un plan d'ensemble   ❏ un plan moyen

SCORE . . . . / 1

Quels autres éléments analyser ?

▶ **L'angle de prise de vue** : on parle d'effet de **plongée** si tu vois d'en haut ce qui est représenté dans l'image ; de **contre-plongée** si tu vois la scène d'en bas ; de **visée horizontale** si tu es au même niveau.

Plongée   Contre-plongée

▶ **La profondeur de champ** : la perspective donne une impression de profondeur de l'image. Une image est faite de plusieurs plans, comme des images superposées : ainsi, en entrant dans l'image, tu rencontres d'abord le **premier plan**, puis le **second plan** et enfin l'**arrière-plan**, formé par le décor.

▶ La **lumière**, les **couleurs** : le choix de la lumière (intense ou diffuse, de face, contrastée) comme celui des couleurs (noir et blanc ou couleurs ? couleurs chaudes – rouge, jaune, orange – ou couleurs froides – bleu, vert, violet – ?) donnent un sens à l'image.

★ 4 **Réponds maintenant à ces questions sur la composition du tableau.**

1. Cite trois couleurs qui dominent dans l'œuvre : . . . .
2. Parmi ces couleurs, souligne la (ou les) couleur(s) chaude(s). Quel élément est représenté par cette (ces) couleur(s) ? Pourquoi, à ton avis, l'artiste a-t-il fait ce choix ?

. . . .

. . . .

. . . .

3. Imagine-toi face à l'œuvre : quel est ton angle de vue ?
❏ une visée horizontale   ❏ une plongée   ❏ une contre-plongée
4. À ton avis, pourquoi l'artiste a-t-il choisi cet angle ? À la place de qui s'est-il mis ?

. . . .

. . . .

. . . .

SCORE . . . . / 4

COUP DE POUCE
Relis le texte en regard du tableau.

★ 5 **Quelle a été ta première impression en voyant *La Tour de Babel* pour la première fois ? Cite un aspect qui te plaît particulièrement dans cette peinture.**

. . . .

. . . .

. . . .

. . . .

. . . .

INFO
La première impression ressentie face à une œuvre peut être liée à des souvenirs personnels.

Corrigés p. 23

TOTAL . . . . / 11

Les classes grammaticales et les fonctions

Les classes grammaticales

Classe grammaticale	Exemples	Définition
Mots variables		
nom	*Julie, fille, amitié*	Un nom **désigne** un être, une chose ou une idée. *Julie* est un nom propre, *fille* et *amitié* sont des noms communs.
déterminant	*un, le, cette, ses*	Un déterminant **introduit un nom**. Il forme avec lui un groupe nominal (minimal).
adjectif qualificatif	*beau, vraie, puissants*	Un adjectif qualificatif apporte des **précisions sur le nom** qu'il qualifie.
pronom	*il, lui, celle, les siens*	En général, un pronom **remplace un nom** ou un groupe nominal (*pro* = « à la place de »).
verbe	*aimer, partait, serons*	Un verbe exprime une action ou un état. Il **se conjugue**, c'est-à-dire qu'il prend une forme différente selon le temps de la phrase, le nombre et la personne du sujet.
Mots invariables		
adverbe	*ici, hier, clairement*	Un adverbe peut **s'ajouter** à un verbe pour préciser son sens, mais aussi à un adjectif, un autre adverbe, une proposition.
préposition	*à, dans, à côté de*	Une préposition **sert de lien** entre un mot et son complément.
conjonction	*mais, ou, et, car, que, quand, dès que*	Une conjonction **relie deux propositions** : – de même nature (conjonction de coordination) ; – principale et subordonnée (conjonction de subordination).

Les fonctions

Fonction	Exemple	Définition
À l'échelle d'une proposition		
sujet	*Julie aime Théo.*	Le sujet répond à la question *Qui est-ce qui ? / Qu'est-ce qui ?* suivie du verbe.
complément d'agent	*Théo est aimé de Julie.*	Le sujet devient complément d'agent lors de la transformation d'une phrase active en **phrase passive.**
attribut du sujet	*Julie est étudiante.*	L'attribut du sujet exprime une **caractéristique du sujet** ; il s'y rapporte par l'intermédiaire d'un verbe d'état.
COD	*Julie aime le cinéma.*	Le COD **complète** le verbe **directement** (sans préposition).
COI	*Théo s'initie à la peinture.*	Le COI **complète** le verbe **indirectement** (avec une préposition).
COS	*Théo envoie un message à Julie.*	Le COS **complète** un verbe **qui a déjà un complément d'objet** (avec une préposition).
complément circonstanciel	*Théo et Julie se voient avec plaisir.*	Un complément circonstanciel exprime une **circonstance** (temps, lieu, manière...) de l'action.
À l'échelle d'un groupe nominal		
épithète	*une étudiante sympathique*	Un adjectif épithète **se rapporte directement à un nom**, qu'il qualifie.
complément du nom	*une étudiante en biologie*	Un complément du nom **complète un nom** à l'aide d'une **préposition**.

Les principales confusions orthographiques

Ne confonds plus...	Identifie...	Exemples
a et *à*	• *a* : 3ᵉ pers. du sing. du v. *avoir* au présent • *à* : préposition	*Il **a** (= avait) mis du temps **à** (≠ avait) arriver.*
ou et *où*	• *ou* : ou bien • *où* : exprime le lieu	*Sais-tu **où** (≠ ou bien) il est parti en vacances : à la mer **ou** (= ou bien) à la montagne ?*
on et *ont*	• *on* : pronom sujet • *ont* : 3ᵉ pers. du pl. du v. *avoir* au présent	***On** (≠ avaient) est surpris par tout le travail qu'ils **ont** (= avaient) accompli.*
son et *sont*	• *son* : déterminant possessif • *sont* : 3ᵉ pers. du pl. du v. *être* au présent	*Jules et Julie **sont** (= étaient) partis avec **son** (= le sien) scooter.*
ces et *ses*	• *ces* : déterminant démonstratif • *ses* : déterminant possessif	***Ses** parents (les siens) lui ont offert **ces** belles baskets rouges (= celles-là).*
ce et *se*	• *ce* : déterminant ou pronom démonstratif • *se* : pronom réfléchi	*Barnabé **se** demande (→ verbe se demander) encore s'il va aller voir **ce** film (= celui-là).*
c'est et *s'est*	• *c'est* : présentatif • *s'est* : se + est	• ***C'est** (= cela est) décidé : nous y allons.* • *Il **s'est** décidé à y aller (→ verbe se décider au passé composé).*
la, là et *l'a*	• *la* : article ou pronom • *l'a* : le/la + a • *là* : adverbe de lieu	• *Il **la** prend dans ses bras.* • *Il **l'a** appelée.* • *C'est **là** que je les ai vus pour la dernière fois.*
les, l'ai et *l'est*	• *les* : article ou pronom • *l'ai* : le/la + ai • *l'est* : le/la + est	• *Il s'entretenait avec **les** voisins.* • *Je **l'ai** entendu rire.* • *Convaincu, il **l'est** réellement.*
ni et *n'y*	• *ni* : conjonction de coordination de sens négatif • *n'y* : ne + y	• *Je n'ai **ni** regret **ni** rancœur.* • *Je **n'y** pense plus (= Je ne pense plus à cela).*
si et *s'y*	• *si* : conjonction ou adverbe • *s'y* : se + y	• *Il est **si** tard. Je ne sais pas **si** j'ai le courage.* • *Il **s'y** est mis (= Il s'est mis à cela).*
sans et *s'en*	• *sans* : préposition exprimant un manque • *s'en* : se + en	• *Il est parti **sans** elle.* • *Il **s'en** sort bien (= Il se sort bien de cela).*
dans et *d'en*	• *dans* : préposition exprimant le lieu ou le temps • *d'en* : de + en	• *Le spectacle commence **dans** une heure.* • *Il est soulagé **d'en** sortir (= de sortir de là) sain et sauf.*

30 verbes modèles pour conjuguer sans faute

	Indicatif					Subjonctif
	présent	**futur**	**imparfait**	**passé simple**	**passé composé**	**présent**
avoir	j'ai il a ils ont	j'aurai il aura ils auront	j'avais il avait ils avaient	j'eus il eut ils eurent	j'ai eu il a eu ils ont eu	que j'aie qu'il ait qu'ils aient
être	je suis il est ils sont	je serai il sera ils seront	j'étais il était ils étaient	je fus il fut ils furent	j'ai été il a été ils ont été	que je sois qu'il soit qu'ils soient
aimer	j'aime il aime ils aiment	j'aimerai il aimera ils aimeront	j'aimais il aimait ils aimaient	j'aimai il aima ils aimèrent	j'ai aimé il a aimé ils ont aimé	que j'aime qu'il aime qu'ils aiment
lancer	il lance nous lançons	il lancera	il lançait	il lança	il a lancé	qu'il lance
manger	il mange nous mangeons	il mangera	il mangeait	il mangea	il a mangé	qu'il mange
appeler	il appelle	il appellera	il appelait	il appela	il a appelé	qu'il appelle
geler	il gèle	il gèlera	il gelait	il gela	il a gelé	qu'il gèle
jeter	il jette	il jettera	il jetait	il jeta	il a jeté	qu'il jette
acheter	il achète	il achètera	il achetait	il acheta	il a acheté	qu'il achète
essuyer	il essuie nous essuyons	il essuiera	il essuyait	il essuya	il a essuyé	qu'il essuie
envoyer	il envoie	il enverra	il envoyait	il envoya	il a envoyé	qu'il envoie
aller	je vais il va	j'irai il ira	j'allais il allait	j'allai il alla	je suis allé il est allé	que j'aille qu'il aille
finir	je finis il finit ils finissent	je finirai il finira ils finiront	je finissais il finissait ils finissaient	je finis il finit ils finirent	j'ai fini il a fini ils ont fini	que je finisse qu'il finisse qu'ils finissent
partir	je pars il part	je partirai il partira	je partais il partait	je partis il partit	je suis parti il est parti	que je parte qu'il parte
venir	il vient	il viendra	il venait	il vint	il est venu	qu'il vienne
courir	il court	il courra	il courait	il courut	il a couru	qu'il coure
cueillir	il cueille	il cueillera	il cueillait	il cueillit	il a cueilli	qu'il cueille
voir	il voit	il verra	il voyait	il vit	il a vu	qu'il voie
devoir	il doit	il devra	il devait	il dut	il a dû	qu'il doive
pouvoir	je peux il peut	il pourra	il pouvait	il put	il a pu	qu'il puisse
savoir	il sait	il saura	il savait	il sut	il a su	qu'il sache
s'asseoir	il s'assied/ il s'assoit	il s'assiéra/ il s'assoira	il s'asseyait	il s'assit	il s'est assis	qu'il s'asseye/ qu'il s'assoie
croire	il croit	il croira	il croyait	il crut	il a cru	qu'il croie
dire	il dit vous dites	il dira	il disait	il dit	il a dit	qu'il dise
faire	il fait vous faites	il fera	il faisait	il fit	il a fait	qu'il fasse
vivre	il vit	il vivra	il vivait	il vit	il a vécu	qu'il vive
prendre	je prends il prend	il prendra	il prenait	il prit	il a pris	qu'il prenne
peindre	il peint	il peindra	il peignait	il peignit	il a peint	qu'il peigne
résoudre	il résout	il résoudra	il résolvait	il résolut	il a résolu	qu'il résolve
mettre	je mets il met	il mettra	il mettait	il mit	il a mis	qu'il mette

Achevé d'imprimer en Italie par G. Canale & C. S.p.A.
Dépôt légal n° 05129-4/01 - Novembre 2018

PAPIER À BASE DE FIBRES CERTIFIÉES

s'engage pour l'environnement en réduisant l'empreinte carbone de ses livres. Celle de cet exemplaire est de : 600 g éq. CO₂ Rendez-vous sur www.hatier-durable.fr